유비쿼터스
창업과 재테크

유비쿼터스 창업과 재테크

ⓒ 이정완, 2023

초판 1쇄 발행 2023년 10월 16일

지은이   이정완
펴낸이   이기봉
편집   좋은땅 편집팀
펴낸곳   도서출판 좋은땅
주소   서울특별시 마포구 양화로12길 26 지월드빌딩 (서교동 395-7)
전화   02)374-8616~7
팩스   02)374-8614
이메일   gworldbook@naver.com
홈페이지   www.g-world.co.kr

ISBN   979-11-388-2375-3 (03320)

이정완 지음

Ubiquitous
유비쿼터스
창업과 재테크
Entrepreneurship

끊임없이 변화하는 현대 사회에서는 기존의 사업 모델과 재테크 방법론들
이 새로운 시대의 흐름에 맞지 않을 때가 많습니다. 우리는 더 이상 과거의
경험과 전통적인 접근 방식만으로는 현대 비즈니스 환경에서 성공하기 어
렵다는 것도 깨달아야 합니다.
_프롤로그 중에서

좋은땅

프롤로그

끊임없이 변화하는 현대 사회에서는 기존의 사업 모델과 재테크 방법론들이 새로운 시대의 흐름에 맞지 않을 때가 많습니다. 우리는 더 이상 과거의 경험과 전통적인 접근 방식만으로는 현대 비즈니스 환경에서 성공하기 어렵다는 것도 깨달아야 합니다. 디지털 정보 기술의 급속한 발전과 유비쿼터스 시대의 도래로 인해, 우리는 더 이상 공간과 시간에 제약받지 않고 다양한 정보와 기술을 언제 어디서든 접할 수 있게 되었습니다. 이러한 변화의 파도 속에서 기존의 창업 및 재테크 전략들이 혁신과 변화에 뒤처지는 상황이 전개되는 바, 유비쿼터스 시대에서 새로운 창업 기회를 탐색하고 미래에 맞춘 비즈니스 모델을 구축하고자 하는《유비쿼터스 창업과 재테크》는 더 이상 선택이 아닌 필수가 되었습니다.

《유비쿼터스 창업과 재테크》는 이러한 혁신적인 시대적 변화에 대응하여 새로운 비즈니스 기회를 찾고자 하는 모든 사람들에게 바치는 실용적인 안내서입니다. 이 책은 기존의 사업 모델과 일자리 패턴을 깨고, 혁신적인 사고와 디지털 노하우를 통해 성공적인 창업과 재테크를 실현하는 방법을 탐구하고자 합니다. 또한, 이 책에서는 단순히 기술적인 측면뿐만 아니라 새로운 기술이 가져오는 비즈니스 환경의 변화와 이로 인한 사회적 영향까지 고려하여 창업 아이템과 재테크 방법을 다양한 관점에서 접근하고자 합니다.

각 장에서는 유비쿼터스 시대의 주요 트렌드와 기술의 개념과 특성들을 살펴보고, 그러한 기술들을 활용하여 혁신적인 사업 및 재테크 아이디어를 찾아내는 방법과 그러한 혁신적인 아이디어들을 현실 세계로 이끌어 내는 방법들을 제시하고 있습니다. 따라서, 이 책은 오직 기술에 능숙한 사람들만을 위한 것이 아닙니다. 오히려 누구나 쉽게 접근할 수 있는 기술들이 자신의 혁신적인 사업 아이디어를 실현시키는 데 큰 도움과 도구가 될 수 있음을 강조하고 있습니다. 따라서 이 책은 자신만의 독특한 능력과 아이디어를 활용하여 새로운 사업 아이템과 재테크 방법을 구현하는 여정을 시작한 분들에게 바치는 안내서입니다.

끝으로, 이 책을 통해 유비쿼터스 창업과 재테크라는 시대적 흐름을 파악하고, 새로운 세계를 발견하고, 자기 계발의 기회를 잡고, 혁신적인 비즈니스 아이디어를 현실로 구현하고, 지속적인 성장을 이끌어 가는 여정에 함께하시길 기대합니다.

혁신과 창의적인 아이디어가 미래를 여는 문이라면, 이 책은 그 문을 두드리는 용기와 영감을 독자분들께 선사할 것입니다. 이 책을 통해 자신의 무한한 가능성을 발견할 수 있을 것입니다. 이 책을 통해 유비쿼터스 시대의 창업가로서의 성장과 성공을 꿈꾸시길 바랍니다. 이 책이 여러분의 동반자가 되어 드리기를 바라며, 행복한 동행의 시작을 축하합니다.

제1부

유비쿼터스
창업 아이템

Ubiquitous Entrepreneurship

제1장

"가상 현실 기술"을 활용한 소자본 창업

제1절. 기술 개요 및 특성

가상 현실(Virtual Reality, VR)은 컴퓨터 기술을 사용하여 사용자를 가상 세계로 물리적으로 몰입시키는 인터랙티브한 시뮬레이션(Visual Interactive Simulation, VIS) 환경을 생성하는 기술입니다. 가상 현실은 사용자를 현실 세계에서 분리하여, 가상 세계에서 사용자에게 현실적인 체감과 감각을 제공하며, 사용자는 가상 현실 장면과 상호 작용할 수 있습니다. 이러한 경험은 가상 현실 헤드셋과 컨트롤러, 모션 추적 장치 등의 기술을 사용하여 구현됩니다.

가상 현실 기술은 일반적으로 다음과 같은 특성을 가지고 있습니다.

첫째, 몰입성입니다. 가상 현실은 사용자를 현실에서 분리하여 가상 환경에 몰입시킵니다. 이를 위해 VR 헤드셋을 통해 사용자의 시각과 청각을 가상 세계로 이동시키며, 몰입감을 높이는 다양한 입력 장치를 제공합니다.

둘째, 상호 작용성입니다. 가상 현실은 사용자가 가상 환경과 상호 작용할 수 있는 인터랙션 기능을 제공합니다. 이를 통해 사용자는 가상 세계 속에서 물체를 조작하거나 환경에 영향을 미칠 수 있습니다. 이러한 상호 작용은 사용자의 몰입감과 실제감을 향상시킵니다.

셋째, 감각적 피드백을 제공합니다. 가상 현실은 사용자의 감각을 자극하여 다양한 감각적 경험을 제공합니다. 시각적인 요소뿐만 아니라 청각, 촉각, 운동감 등 다양한 감각을 피드백으로 제공합니다.

넷째, 현실적 표현이 가능합니다. 가상 현실은 가능한 한 실제 세계와 유사하게 가상 환경을 표현합니다. 고해상도 그래픽, 입체 음향, 물리적 시뮬레이션 등을 통해 사용자에게 현실감을 제공합니다.

이와 같은 특성으로 가상 현실은 사용자들에게 현실과는 다른 독특한 체험을 제공하고 현실과는 분리된 독립적인 가상 세계를 생성합니다. 이 가상 세계는 현실과는 달리 물리적 제약이 거의 없으며, 상상력에 따라 다양한 형태로 구축될 수 있습니다. 예를 들어, 사용자는 가상 세계에서 실제로 존재하지 않는 장소를 탐험하거나, 상상 속의 경험을 할 수 있습니다. 따라서, 가상 현실 기술은 다양한 분야에서 활용될 수 있습니다. 예를 들어, 엔터테인먼트 산업에서는 가상 현실을 이용한 게임, 영화, 콘서트 등의 경험을 제공합니다. 또한, 교육, 의료, 건축, 군사 등 다른 분야에서도 가상 현실은 시뮬레이션 훈련, 원격 협업, 진단 및 치료 등에 활용되고 있습니다.

제2절. 수익성 사업 모델

다음은 가상 현실 기술을 활용하여 수익을 창출할 수 있는 사업 모델 예시의 일부입니다. 가상 현실 기술의 발전과 함께 가상 현실 기술과 창의적인 아이디어를 통해 다양한 산업 분야에서 가상 현실을 활용한 다양한 사업 모델을 개발하면 더 많은 비즈니스 기회가 나타날 수 있습니다.

1. VR 게임 스튜디오: 다양한 장르의 게임을 개발하고 유통하는 회사입니다. 플레이어가 가상 세계에서 다양한 게임을 즐길 수 있는 VR 게임 스튜디오입니다. 게임 판매, 구독 모델, 게임 이용료, 추가 콘텐츠 판매 등으로 수익을 창출할 수 있습니다.

2. VR 건축 및 부동산 스튜디오: 건축 및 부동산 분야에서 가상 현실을 활용하여 건물 설계 및 시뮬레이션을 제공합니다. 예를 들면, 건축 및 인테리어 디자이너들이 VR을 활용하여 고객에게 실제로 느껴지는 건축물의 디자인과 레이아웃을 시각적으로 보여 주는 사업 모델입니다.

3. VR 인테리어 및 공간 디자인: 가상 현실을 활용하여 인테리어 및 공간 디자인을 시각화하고 고객에게 판매하는 사업 모델입니다.

4. VR 관광 안내 서비스: 관광객들에게 가상 현실 투어를 제공하여 명소를 둘러볼 수 있는 서비스입니다. 사용자들은 가상 가이드와 함께 여행하며 명소의 역사와 관련 정보를 얻을 수 있습니다.

5. VR 교육 및 훈련 프로그램: 학교, 기업, 정부 기관 등에 VR을 활용한 교육 및 훈련 프로그램을 제공하여 수강료를 받을 수 있습니다. 예를 들면, 기업들이 VR을 활용하여 직원 교육 및 훈련을 할 수 있는 플랫폼을 제공하여 수익을 창출합니다.

6. VR 레스토랑: VR을 활용하여 다양한 음식을 체험할 수 있는 레스토랑을 운영합니다.

7. VR 마케팅 및 광고: 기업들은 가상 현실을 통해 제품이나 브랜드를 소개하고 마케팅하는 데 활용할 수 있습니다. 사용자들은 가상 공간에서 제품을 체험하거나 상호 작용하며 더욱 몰입적인 광고 경험을 할 수 있게 합니다.

8. VR 마케팅 에이전시: 기업들의 제품이나 서비스를 VR을 통해 홍보하고 마케팅하는 서비스를 제공하여 수익을 창출합니다.

9. VR 맞춤형 의류 디자인: 가상 현실을 활용하여 소비자가 자신에게 맞는 의류 디자인을 체험하고 주문할 수 있는 사업 모델입니다. 고객은 가상 현실에서 자신의 모습에 따라 옷을 디자인하고 맞춤 제작할 수 있습니다.

10. VR 면접 플랫폼: 기업은 가상 현실을 통해 면접 프로세스를 개선할 수 있습니다. 면접자들은 가상 회의실에서 실제 시나리오를 대면하는 것

과 유사한 경험을 할 수 있으며, 이를 통해 보다 정확한 평가를 할 수 있습니다.

11. VR 문화 예술 전시: 가상 현실을 활용한 문화 예술 전시회를 개최하고, 관람료로 수익을 창출합니다.

12. VR 미용 및 패션 컨설팅: 가상 현실을 활용하여 미용 및 패션 컨설팅 서비스를 제공합니다.

13. VR 부동산 경험: 가상 현실을 활용하여 잠재적인 구매자들이 부동산을 둘러볼 수 있는 플랫폼입니다. 사용자들은 가상으로 집을 탐험하고 인테리어를 변경해 보며 실제 방문하지 않고도 부동산에 대한 더 나은 이해를 얻을 수 있습니다.

14. VR 사회 경험: 다양한 사회적 상황을 가상 현실로 체험할 수 있는 플랫폼을 제공하여 수익을 창출합니다.

15. VR 소셜 미디어 네트워킹: 가상 현실 공간에서 사람들이 소셜 네트워크를 형성하고 상호 작용하는 사업 모델입니다. 사용자들은 가상 현실에서 다른 사람들과 대화하거나 활동을 공유할 수 있습니다. 또한 가상 현실 기반의 소셜 플랫폼을 운영하여 사용자들이 가상 공간에서 교류하고 상호 작용할 수 있도록 하여 광고 수익 등을 얻을 수 있습니다.

16. VR 스마트 시티 시뮬레이션: 스마트 시티 구축 시뮬레이션을 위한 VR 플랫폼을 개발하여 정부나 도시에 판매합니다.

17. VR 스포츠 중계 및 이벤트: VR 기술을 활용하여 스포츠 경기 중계 및 이벤트를 제공하여 시청료나 이벤트 참가비 등을 통해 수익을 얻을 수 있습니다. 또한, VR 기기를 통해 스포츠 경기를 실시간으로 스트리밍하여 구독자에게 유료로 제공하거나 광고 수익을 창출합니다.

18. VR 스포츠 플랫폼: 사용자들에게 가상 현실로 스포츠 경기를 제공하는 사업 모델입니다. 가상 현실 게임으로 구성된 스포츠 리그나 토너먼트를 개최하여 참가자들끼리 경쟁할 수 있습니다.

19. VR 스포츠 훈련 및 분석: 스포츠 선수들이 가상 현실을 활용하여 기술 향상을 위한 훈련 및 분석을 할 수 있는 플랫폼을 제공합니다. 예를 들면, 축구 선수들이 가상 현실을 통해 실제 경기 상황을 시뮬레이션하고 전략을 연습하는 가상 현실 플랫폼을 운영합니다.

20. VR 시뮬레이션 훈련: 실제 위험과 비용이 따르는 작업이나 훈련을 가상 현실로 시뮬레이션하여 비용을 절감하고 안전한 훈련을 제공하는 사업 모델입니다. 예를 들면, 항공기 조종사 훈련, 의료 수술 시뮬레이션 등이 이에 해당합니다.

21. VR 실감 도서관: VR을 활용하여 실제 도서관을 체험하고 전자책을 구

매하거나 대여할 수 있는 플랫폼을 제공합니다.

22. VR 실내 체험 공간: 가상 현실을 이용하여 고객들이 다양한 활동을 체험할 수 있는 실내 체험 공간을 운영합니다. 예를 들면, 가상 현실로 레이싱, 낚시, 체육관 등 다양한 체험을 제공합니다.

23. VR 실시간 스포츠 중계 및 해설: 가상 현실 기술을 활용하여 사용자들이 실시간 스포츠 경기를 가상으로 경험할 수 있는 서비스입니다. 사용자들은 가상 경기장에서 경기를 관람하거나 참여하며, 고유의 시청 경험을 얻을 수 있습니다. 또한, 스포츠 경기를 실시간으로 해설하는 VR 서비스를 제공하여 광고 수익을 창출합니다.

24. VR 실시간 이벤트 스트리밍: 콘서트, 스포츠 경기 등의 이벤트를 실시간으로 VR 스트리밍하여 유료로 제공합니다.

25. VR 아바타 기반 소셜 네트워크: 사용자들은 가상 세계에서 아바타를 생성하고 다른 사용자들과 상호 작용하며 소셜 네트워킹을 할 수 있는 플랫폼입니다. 또한, 사용자가 자신의 아바타를 커스터마이징하거나 가상 공간을 개인화하는 서비스를 제공하여 수익을 창출할 수 있습니다.

26. VR 아티스트 스튜디오: VR을 이용한 창작 활동을 지원하고, VR 아티스트들의 작품을 판매하거나 전시회를 개최하여 수익을 창출할 수 있

습니다.

27. VR 야구 훈련: VR 시뮬레이션을 통해 야구 훈련 프로그램을 제공하고 수익을 창출합니다.

28. VR 어린이 교육: 어린이들을 위한 VR 교육 콘텐츠를 개발하여 판매하거나 유료 구독 서비스로 수익을 창출합니다.

29. VR 언어 교육: 가상 현실을 통해 외국어 학습을 지원하는 플랫폼을 개발하여 판매합니다.

30. VR 여행 및 관광 서비스: 사용자들에게 실제 여행 경험을 제공하는 대체재로 가상 현실 여행을 제공합니다. 예를 들면, 가상 현실 기기를 통해 유명 관광지를 체험할 수 있는 VR 여행사를 운영합니다. 이는 가상 현실을 통해 사람들에게 다양한 여행 명소를 체험시켜 주는 사업으로, 가상 여행 패키지를 판매하여 수익을 창출합니다.

31. VR 영화 및 엔터테인먼트: 가상 현실을 이용하여 영화나 TV 쇼와 같은 콘텐츠를 제작하는 회사입니다. 예를 들면, 관객들이 영화 속 주인공이 되어 흥미로운 이야기를 체험할 수 있도록 합니다.

32. VR 영화관: VR 기기를 이용하여 영화를 관람할 수 있는 전용 극장을 운영하여 수익을 창출합니다.

33. VR 운동 및 피트니스: 가상 현실 기술을 이용하여 사용자들이 다양한 운동 환경에서 피트니스 활동을 할 수 있습니다. 가상 코치와 함께 운동 루틴을 수행하거나 가상 경기에 참여하여 체력을 향상시킬 수 있습니다.

34. VR 운전 교육 및 시뮬레이터: 가상 현실을 사용하여 운전자들이 안전한 운전 기술을 학습하고 훈련할 수 있는 시뮬레이터를 제공합니다. 예를 들면, 운전 교육을 위해 실제 도로 환경을 가상으로 재현해서 운전 주행 연습 센터를 운영합니다.

35. VR 음악 스튜디오: 음악 교육 프로그램을 VR을 활용하여 개발하고 온라인으로 판매합니다. 또한, VR을 활용하여 음악 창작 및 라이브 스트리밍을 지원하는 스튜디오를 운영합니다.

36. VR 헬스케어 및 트라우마 치료: 가상 현실을 활용하여 건강 관리 및 운동 프로그램을 제공하는 사업 모델입니다. 또한, 가상 현실을 사용하여 환자들이 트라우마를 극복하거나 재활을 받을 수 있는 의료 치료를 제공합니다.

37. VR 의상 및 패션 시뮬레이션: 가상 현실을 이용하여 고객들이 의상과 패션 아이템을 시뮬레이션하고 구매할 수 있는 플랫폼을 제공합니다. 예를 들면, 고객들이 자신의 가상 형상에 다양한 옷을 입혀 보고 구매할 수 있는 VR 패션몰을 운영합니다.

38. VR 자전거 트레이닝: VR 시뮬레이션을 통해 자전거 트레이닝 프로그램을 제공하고 수익을 창출합니다.

39. VR 체험 센터 및 카페: 가상 현실 장비를 제공하고 체험을 할 수 있는 공간으로, 사용자들은 다양한 환경에서 다양한 체험을 할 수 있습니다. 예를 들어, 가상 여행, 스포츠 경기 관람, 역사적 장소 탐험 등을 제공할 수 있습니다.

40. VR 컨퍼런스/미팅 플랫폼: 온라인으로 가상 현실 회의 및 미팅을 제공하여 기업들이 회의 공간을 대여하고 컨퍼런스 서비스를 구매할 수 있습니다.

"디지털 기술"을 활용한 소자본 창업

제1절. 기술 개요 및 특성

디지털 기술은 정보를 디지털 형태로 처리, 저장, 전송하는 기술을 일컫는 용어입니다. 이는 아날로그 신호를 이산화(Discreteness)하여 이진 코드(0과 1)로 표현하는 것을 의미합니다. 디지털 기술은 컴퓨터, 인터넷, 휴대폰, 디지털 카메라, 소셜 미디어 등 다양한 분야에 적용되어 일상 생활과 비즈니스 환경을 변화시키고 있습니다.

디지털 기술의 주요 특성은 다음과 같습니다.

첫째, 가변성(Versatility)입니다. 디지털 기술은 다양한 형태의 데이터를 처리할 수 있습니다. 텍스트, 이미지, 음성, 동영상 등 다양한 형식의 데이터를 디지털 형태로 변환하여 처리할 수 있습니다.

둘째, 통합성(Integration)입니다. 디지털 기술은 다양한 기능과 서비스를 통합할 수 있습니다. 예를 들어, 컴퓨터 네트워크를 통해 다른 기기나 시스템과 연결하여 데이터를 공유하고 제어할 수 있습니다.

셋째, 압축성(Compressibility)입니다. 디지털 데이터는 압축이 가능합니다. 데이터를 압축하면 저장 공간을 절약하거나 데이터 전송 속도를 향상시킬 수 있습니다.

넷째, 자동화(Automation)입니다. 디지털 기술은 자동화를 가능하게 합니다. 컴퓨터 프로그램이나 알고리즘을 활용하여 작업을 자동화하고, 인간의 개입 없이 작업을 처리할 수 있습니다.

다섯째, 복사 및 저장의 용이성입니다. 디지털 데이터는 쉽게 복사하고 저장할 수 있습니다. 데이터를 디지털 형태로 표현하면 여러 매체에서 동일한 내용을 복사하고 전송할 수 있으며, 디지털 저장 매체는 크기와 비용 면에서 효율적입니다.

여섯째, 가공 및 분석 용이성입니다. 디지털 데이터는 컴퓨터를 통해 쉽게 가공하고 분석할 수 있습니다. 데이터를 디지털 형태로 저장하면 컴퓨터 알고리즘을 사용하여 데이터를 처리하고 분석할 수 있으며, 데이터의 가공과 변환에 유연성을 제공합니다.

제2절. 수익성 사업 모델

아래에서 제시되는 사업 모델은 디지털 기술을 활용한 수익성 사업 모델의 일부입니다. 새로운 기술의 등장, 우리나라의 시장 동향과 향후 기술 변화에 따라 더욱 다양하고 혁신적인 사업 모델들이 등장할 수 있습니다.

1. 디지털 건강 관리 플랫폼: 개인의 건강 데이터를 관리하고 의료 서비스에 접근할 수 있는 플랫폼을 제공합니다.

2. 디지털 건축 및 시공: 가상 현실(VR), 증강 현실(AR) 등을 활용하여 건축 설계, 시공 및 시뮬레이션을 제공하고 수익을 창출합니다.

3. 디지털 광고 대행사: 기업들을 대상으로 디지털 광고를 기획하고 실행하여 수익을 창출하는 모델입니다.

4. 디지털 마케팅 및 컨설팅 서비스: 기업들에게 디지털 마케팅 전략 및 컨설팅 서비스를 제공합니다.

5. 디지털 마켓플레이스: 다양한 디지털 제품, 소프트웨어, 디자인 등을 판매하는 온라인 마켓플레이스를 운영합니다.

6. 디지털 사회적 거래 플랫폼: 환경, 사회 및 지역 사회 문제를 해결하기 위해 제품 또는 서비스를 판매하고 수익의 일부를 사회적 목적에 기부

합니다.

7. 디지털 예술 및 창작 플랫폼: 작가, 예술가, 디자이너들이 자신의 작품을 디지털 형태로 전시하고 판매할 수 있는 플랫폼을 운영합니다.

8. 디지털 출판 및 전자책: 전통적인 출판물을 디지털 형태로 제공하는 출판 및 책 서비스를 제공합니다. 예: 네이버 웹툰

9. 디지털 전자 거래 플랫폼: 기업들이 공급망을 디지털화하여 전자 거래를 원활하게 수행할 수 있는 플랫폼을 제공합니다.

제3장

"모바일 기술"을 활용한 소자본 창업

제1절. 기술 개요 및 특성

모바일 기술은 휴대전화, 태블릿, 스마트워치(Smart watch) 등과 같은 휴대용 장치를 사용하여 통신, 컴퓨팅 및 정보 접근에 관련된 기술을 포함하는 개념입니다. 모바일 기술은 이동성과 휴대성이 강조된 기기를 통해 개인이나 기업이 다양한 작업을 수행하고 정보에 접근하는 데 사용됩니다. 이러한 기술들은 모바일 애플리케이션, 모바일 운영 체제, 네트워크 기술, 모바일 컴퓨팅 등 다양한 측면을 포함하고 있습니다.

모바일 기술은 다음과 같은 주요 특성을 가지고 있습니다.

첫째, 휴대성과 이동성입니다. 모바일 기기는 작고 가벼워 휴대하기 편리합니다. 따라서 이러한 장치를 휴대하고 필요할 때 즉시 사용할 수 있습니다. 또한, 모바일 기술은 사용자가 이동하는 동안에도 접근할 수 있는 기능을 제공합니다. 사용자는 언제 어디서나 모바일 기기를 사용하여 통신하고 정보에 접근할 수 있습니다.

둘째, 네트워크 연결성입니다. 모바일 기술은 무선 통신 기술을 이용하여 네트워크에 연결됩니다. 이를 통해 인터넷에 접속하고 데이터를 주고받을 수 있습니다. 모바일 기술의 네트워크 연결성은 실시간으로 정보를 업데이트하고 온라인 서비스를 이용할 수 있는 기회를 제공합니다.

셋째, 무선 통신입니다. 모바일 기기는 무선 통신 기술을 사용하여 데이터 통신이 가능합니다. Wi-Fi, 블루투스, LTE, 5G와 같은 무선 통신 기술을 활용하여 인터넷에 접속하거나 다른 기기와 데이터를 주고받을 수 있습니다.

넷째, 보안성입니다. 모바일 기술은 개인 정보와 데이터의 보안에 중요한 역할을 합니다. 생체 인식, 암호화, 원격 데이터 소거 등의 보안 기능을 제공하여 사용자의 데이터와 기기를 보호합니다.

다섯째, 개인화 및 다양한 기능입니다. 모바일 기술은 사용자의 개인화된 경험을 제공합니다. 사용자의 취향과 관심사를 파악하여 맞춤형 콘텐츠나 서비스를 제공하고, 위치 정보를 활용하여 사용자의 주변 환경에 맞춘 정보를 제공하기도 합니다. 또한, 모바일 기술은 전화 통화, 문자 메시지, 이메일, 웹 브라우징, 사진 및 비디오 촬영, 음악 감상, 위치 기반 서비스 등 다양한 기능을 제공합니다. 앱 스토어를 통해 다양한 애플리케이션을 다운로드하여 기기의 기능을 확장할 수도 있습니다.

제2절. 수익성 사업 모델

아래에서 제시하는 모바일 기술을 활용한 수익성 있는 사업 모델은 일부분에 불과합니다. 이러한 예시들은 모바일 기술을 활용하여 다양한 산업 분야에서 수익성 있는 사업 모델을 구축하는 방법을 보여 줍니다.

1. 모바일 가상 반려동물: 가상 반려동물을 키우고 관리하는 모바일 앱을 개발하여 사용자가 가상 동물을 케어하고 유료 아이템으로 수익을 창출합니다.

2. 모바일 가상 테스트 및 시뮬레이션: 게임, 운전 시뮬레이션, 예상 결과 시뮬레이션 등을 제공하는 모바일 앱을 운영하고 구독료를 받습니다.

3. 모바일 건강 관리 및 피트니스: 운동 추적, 식단 관리, 건강 모니터링 등을 위한 모바일 앱을 제공하고 구독료나 광고 수익을 창출합니다.

4. 모바일 게임: 인기 있는 게임을 개발하여 앱 내 구매 및 광고 수익으로 수익을 창출합니다.

5. 모바일 결제 플랫폼: 모바일 기기를 이용한 결제 서비스를 제공하여 수수료를 받습니다. 예: 전자 상거래 앱의 결제 시스템, 모바일 지갑 앱 등

6. 모바일 광고 플랫폼: 모바일 앱 및 웹사이트에서 광고를 게재하고 광고

주로부터 광고 수익을 얻는 광고 네트워크 플랫폼을 운영하고, 광고주는 타겟팅된 광고를 제공하여 수익을 창출합니다.

7. 모바일 교육 플랫폼: 모바일 기기를 이용한 온라인 교육 서비스를 제공하여 수익을 창출합니다. 예: 언어 학습 앱, 전공 과목 학습 앱 등

8. 모바일 금융 기술(Fin-tech): 모바일 앱을 통해 핀테크 서비스를 제공하고 이자, 수수료 등으로부터 수익을 창출합니다.

9. 모바일 뉴스 및 콘텐츠 구독: 뉴스, 잡지, 콘텐츠 구독 서비스를 제공하고 구독료로부터 수익을 창출합니다.

10. 모바일 마케팅 및 광고 에이전시: 모바일 광고 및 마케팅 서비스를 제공하여 기업에 대한 수수료를 받습니다.

11. 모바일 마케팅 플랫폼: 마케터들에게 광고 캠페인 관리 및 분석 도구를 제공하고 서비스 이용료로부터 수익을 창출합니다.

12. 모바일 미디어 및 뉴스 앱: 최신 뉴스, 기사, 동영상 등을 제공하는 모바일 앱을 운영하고 광고 수익을 창출합니다.

13. 모바일 부동산 중개: 부동산 중개 서비스를 모바일 앱으로 제공하여 사용자가 매물 검색, 거래 등을 편리하게 할 수 있도록 합니다.

14. 모바일 비디오 플랫폼: 동영상 콘텐츠를 제공하는 모바일 앱을 운영하고 광고 수익이나 구독료를 받습니다.

15. 모바일 사물인터넷: 모바일 기기를 통해 스마트 홈, 스마트 자동차 등의 IoT 장치를 제어하고 모니터링하는 서비스를 제공하여 수익을 창출합니다.

16. 모바일 사진 및 비디오 편집: 사진 및 비디오 편집 앱을 개발하여 사용자가 쉽게 사진과 비디오를 편집하고 공유할 수 있도록 합니다.

17. 모바일 사회 네트워크: 친구와의 소통, 사진 공유, 소셜 미디어 기능을 제공하는 모바일 앱을 개발하여 광고, 후원, 유료 기능 등으로 수익을 창출합니다.

18. 모바일 사회적 기부: 기부 플랫폼을 운영하고 기부금 수수료로부터 수익을 창출합니다.

19. 모바일 소셜 미디어: 사진 및 동영상 공유, 소셜 네트워킹 기능을 제공하고 광고 수익을 얻는 소셜 미디어 플랫폼입니다.

20. 모바일 소셜 커머스: 사용자들이 상품을 추천하고 공유하며 구매할 수 있는 모바일 앱을 개발하여 상품 판매 및 광고 수익으로 수익을 창출합니다.

21. 모바일 쇼핑 어시스턴트: 가격 비교, 쇼핑 추천 등을 제공하고 제휴 링크로부터 수익을 창출합니다.

22. 모바일 스포츠 및 피트니스 트래킹: 운동, 건강, 피트니스와 관련된 앱을 개발하여 사용자가 운동 활동을 기록하고 관리할 수 있도록 합니다.

23. 모바일 식단 및 영양 관리: 식단 및 영양 관리 앱을 통해 사용자의 식습관을 추적하고 조언을 제공하여 건강한 식단을 유지하도록 돕습니다.

24. 모바일 식사 배달 키트: 요리 레시피와 식재료를 모바일 앱을 통해 제공하고 식사 배달 키트 판매로부터 수익을 창출합니다.

25. 모바일 실시간 번역: 실시간 번역 서비스를 제공하여 다국어 소통을 돕고 유료 번역 서비스로 수익을 창출합니다.

26. 모바일 실시간 소셜 투표: 실시간 투표 및 설문조사 플랫폼을 제공하고 광고 수익을 얻는 서비스입니다.

27. 모바일 애견 서비스: 애견 관련 정보, 서비스, 제품 등을 제공하는 모바일 앱을 운영하고 광고 수익을 창출합니다.

28. 모바일 애플리케이션 개발: 인기 있는 모바일 앱을 개발하고 앱 내 구매, 광고 수익 등을 통해 수익을 창출하는 모델입니다.

29. 모바일 언어 학습: 외국어 학습 앱을 제공하고 구독료 또는 광고 수익으로부터 수익을 창출합니다.

30. 모바일 여행 가이드: 여행 관련 정보, 예약, 추천 등을 제공하여 사용자의 여행 경험을 향상시키고, 호텔, 항공사 등의 파트너사로부터 수수료를 받을 수 있습니다.

31. 모바일 예술 및 창작: 모바일 앱을 통해 예술 작품, 디자인, 창작물 등을 공유하고 판매하여 수익을 창출합니다.

32. 모바일 예약 및 예약 관리: 호텔, 항공권, 레스토랑 등의 예약을 모바일 앱으로 처리하고 수수료를 받습니다.

33. 모바일 피트니스 플랫폼: 운동 계획, 트레이너 지원 등의 피트니스 서비스를 제공하고 구독료로부터 수익을 창출합니다.

34. 모바일 위치 기반 서비스: 사용자의 위치 정보를 활용하여 광고, 추천, 할인 등을 제공하고 광고 수익을 얻는 서비스입니다.

35. 모바일 은행 서비스: 모바일 앱을 통해 은행 업무를 처리하고 수수료를 받습니다. 예: 모바일 뱅킹 앱, 전자 지갑 앱 등

36. 모바일 음식 배달 서비스: 음식 배달 앱을 통해 음식 주문 및 배달 서

비스를 제공하고 수수료를 받아 수익을 창출합니다.

37. 모바일 음악 스트리밍: 음악 스트리밍 서비스를 제공하고 구독료 또는 광고로 수익을 창출합니다.

38. 모바일 의료 상담 및 진단: 모바일 기기를 사용하여 의료 검진, 진단, 건강 조언 등을 제공하여 의료 서비스에 대한 수익을 창출합니다.

39. 모바일 자기 계발: 자기 계발 관련 콘텐츠를 제공하고 유료 강의, 구독 서비스로부터 수익을 창출합니다.

40. 모바일 자기 주행 서비스: 자율 주행 택시나 자동차 공유 서비스를 모바일 앱으로 제공하고 수익을 창출합니다.

41. 모바일 자녀 보호: 부모가 자녀의 활동을 모니터링하고 제한할 수 있는 모바일 앱을 개발하여 부모들로부터 구독료를 받습니다.

42. 모바일 자동차 공유: 자동차 공유 서비스를 제공하고 이용료로부터 수익을 창출합니다.

43. 모바일 전자 출결 시스템: 학교, 회사 등에서 모바일 앱을 이용한 출결 시스템을 구축하고 판매하여 수익을 창출합니다.

44. 모바일 주문 및 예약 관리: 음식점, 호텔 등에서 주문 및 예약 관리 서비스를 제공하고 수수료를 받아 수익을 창출합니다.

45. 모바일 중고 거래: 중고 상품 거래 플랫폼을 운영하고 판매 수수료를 받아 수익을 창출합니다.

46. 모바일 친환경 서비스: 친환경 제품 구매, 친환경 활동에 대한 정보를 제공하는 모바일 앱을 제공하고 광고 수익을 창출합니다.

47. 모바일 카메라 앱: 다양한 필터, 편집 기능을 제공하는 모바일 카메라 앱을 운영하고 광고 수익을 창출합니다.

48. 모바일 커머스: 모바일 앱 또는 웹을 통해 제품을 판매하고 배송하여 수익을 창출합니다. 예: 온라인 쇼핑몰 앱, 중고 물품 거래 앱 등

49. 모바일 투자 및 금융 서비스: 주식 거래, 투자 상담, 금융 정보 등을 모바일 앱으로 제공하여 수익을 창출합니다.

50. 모바일 헬스케어 앱: 건강 및 피트니스 관련 서비스를 제공하고 구독료, 광고 수익으로 수익을 창출합니다.

제4장

"블록체인 기술"을 활용한 소자본 창업

제1절. 기술 개요 및 특성

블록체인은 분산 원장 기술로서, 데이터를 일련의 블록으로 구성하고 각 블록을 연결하여 체인 형태로 저장하는 기술입니다. 이 기술은 여러 컴퓨터 노드로 이루어진 네트워크에 거래 정보를 분산하여 저장하고, 모든 참여자가 공유 및 업데이트할 수 있게 합니다. 이러한 분산된 방식으로 데이터를 저장하고 관리함으로써 블록체인은 중앙 관리자나 중개자의 개입 없이 안전하게 거래를 수행하고 기록할 수 있는 투명하고 신뢰할 수 있는 환경을 제공합니다. 블록체인은 초기로는 비트코인과 같은 암호화폐를 지원하는 기술로 알려졌지만, 이후 다양한 산업 분야에 적용되어 데이터 관리, 자산 추적, 공급망 관리, 의료 기록 보관 등 다양한 영역에서 혁신을 가져오고 있습니다.

블록체인 기술의 주요 특성은 다음과 같습니다.

첫째, 분산 원장입니다. 블록체인은 네트워크에 참여하는 여러 컴퓨터에 분산되어 저장되며, 이러한 분산 원장은 중앙 기관의 개입 없이도 안전하게 데이터를 보관하고 공유할 수 있습니다. 각 노드는 동일한 원장의 사본을 가지고 있으므로 데이터 위·변조나 중단을 방지할 수 있습니다.

둘째, 불변성과 안전성입니다. 블록체인에 저장된 데이터는 변경이 어렵고 불가능한 구조를 가지고 있습니다. 새로운 블록이 생성되면 이전 블록들과의 연결이 형성되므로, 한 번 저장된 데이터는 수정하기 어렵습니다. 이는 데이터 위·변조나 부정행위를 예방하는 데 도움을 줍니다.

셋째, 암호화입니다. 블록체인은 암호화 기술을 사용하여 데이터의 보안을 강화합니다. 거래 정보는 암호화되어 저장되며, 블록체인에 접근하려는 사용자는 암호화된 키를 소유해야 합니다.

넷째, 투명성과 신뢰성입니다. 블록체인은 모든 참여자가 동일한 데이터를 볼 수 있으며, 데이터의 변경 기록이 공개적으로 확인될 수 있습니다. 이로써 블록체인은 신뢰할 수 있는 거래와 프로세스의 투명성과 신뢰성을 제공합니다.

다섯째, 합의 메커니즘입니다. 블록체인은 네트워크 참여자들 사이에서 합의 메커니즘을 사용하여 데이터의 일관성을 유지합니다. 대표적인 합의 메커니즘으로는 작업 증명(Proof of Work)과 지분 증명(Proof of Stake) 등이 있습니다.

제2절. 수익성 사업 모델

아래에서 블록체인 기술을 기반으로 개발할 수 있는 수익성 사업 모델을 예시해 드리겠습니다. 이 외에도 블록체인 기술은 다양한 산업과 분야에서 혁신적인 사업 모델을 가능하게 합니다.

1. 블록체인 기반의 개인 데이터 보호 서비스: 사용자의 개인 데이터를 블록체인에 암호화하여 저장하고 관리하여 개인 정보 보호를 강화합니다.

2. 블록체인 기반의 건강 기록 관리: 블록체인을 활용하여 개인의 건강 기록을 안전하게 저장하고 관리할 수 있는 시스템을 구축할 수 있습니다. 이를 통해 의료 데이터의 보안성과 접근성을 향상시킬 수 있습니다.

3. 블록체인 기반의 게임 아이템 거래 플랫폼: 게임 내 아이템의 거래를 블록체인으로 기록하여 안전하고 신뢰성 있는 거래를 제공합니다.

4. 블록체인 기반의 공공 기록 관리: 공공 기관의 문서와 기록을 블록체인으로 저장하여 위조와 변조를 방지하고 정보의 신뢰성을 제고합니다.

5. 블록체인 기반의 공급망 관리: 제품의 원산지, 생산 과정, 유통 정보 등을 블록체인에 기록하여 공급망을 투명하게 관리할 수 있습니다. 예를 들어, 식품 산업에서 블록체인을 사용하여 식품의 원산지를 추적하고 안전성을 보장하는 플랫폼을 제공합니다.

6. 블록체인 기반의 공유 경제 플랫폼: 블록체인을 활용하여 자산의 공유와 임대를 촉진하는 플랫폼을 구축할 수 있습니다. 이를 통해 자산의 이용률을 향상시키고 소유자와 사용자 간의 거래를 용이하게 합니다.

7. 블록체인 기반의 광고 플랫폼: 블록체인을 이용하여 광고 플랫폼을 구축하면 광고의 투명성과 효율성을 높일 수 있습니다. 사용자들은 개인 정보를 안전하게 관리하면서 광고 수신에 대한 보상을 받을 수 있습니다.

8. 블록체인 기반의 기부 플랫폼: 기부금의 흐름을 투명하게 관리하고, 기부자와 수혜자 간의 신뢰를 확립하는 블록체인 기반의 플랫폼을 운영합니다.

9. 블록체인 기반의 농산물 유통 플랫폼: 농산물의 생산과 유통 과정을 블록체인으로 기록하여 안전성과 신뢰성을 제고하고, 소비자들에게 원산지 정보를 제공합니다.

10. 블록체인 기반의 로그인 및 인증 서비스: 사용자의 로그인 정보를 블록체인에 저장하여 안전하고 신뢰성 있는 인증을 제공합니다.

11. 블록체인 기반의 로열티 및 저작권 관리 플랫폼: 음악, 영상, 문학 작품 등의 저작물에 대한 로열티와 저작권을 효율적으로 관리하고 보상을 지급합니다.

12. 블록체인 기반의 보험 청구 처리: 보험 청구 과정을 블록체인으로 기록하여 불필요한 중개 과정을 줄이고 보험 청구를 신속하게 처리합니다.

13. 블록체인 기반의 부동산 거래 플랫폼: 블록체인을 활용하여 부동산 거래를 투명하고 신뢰성 있게 처리하는 플랫폼을 구축할 수 있습니다. 이를 통해 중개인을 배제하고 거래 과정을 간소화할 수 있습니다.

14. 블록체인 기반의 에너지 거래 플랫폼: 에너지 생산자와 소비자들이 직접 거래할 수 있는 블록체인 플랫폼을 구축할 수 있습니다. 예를 들어, 블록체인을 사용하여 태양광 발전소에서 생산된 에너지를 다른 사용자들과 공유하고 거래할 수 있는 플랫폼을 제공합니다.

15. 블록체인 기반의 사물인터넷 보안 솔루션: 사물인터넷 기기 간의 통신과 데이터 교환을 블록체인으로 보호하여 해킹과 데이터 변조를 방지합니다.

16. 블록체인 기반의 스마트 도시 관리 시스템: 도시의 다양한 인프라와 서비스를 통합하여 블록체인으로 관리하여 효율성과 안전성을 향상시킵니다.

17. 블록체인 기반의 스마트 에너지 관리: 스마트 그리드와 블록체인을 결합하여 에너지 생산, 저장 및 분배를 최적화하고 에너지 효율성을 향상시키는 스마트 시티 에너지 관리 시스템을 구축합니다.

18. 블록체인 기반의 신원 확인 및 인증: 개인의 신원과 인증 정보를 안전하게 저장하고 검증할 수 있는 블록체인 시스템을 구축할 수 있습니다. 예를 들어, 블록체인을 활용하여 개인의 신원을 확인하고 디지털 신분증을 발급하는 서비스를 제공합니다.

19. 블록체인 기반의 음악 및 예술 저작권 관리: 예술가와 창작자들의 저작권을 블록체인에 기록하여 저작권 침해를 방지하고 공정한 보상을 보장합니다.

20. 블록체인 기반의 응급 의료 서비스: 응급 상황에서 환자의 의료 정보와 위치 정보를 블록체인으로 전송하여 신속한 응급 조치를 취할 수 있도록 합니다.

21. 블록체인 기반의 의료 기록 관리: 개인의 의료 기록을 블록체인에 안전하게 저장하고 암호화하여 의료 기관 및 환자들이 열람하고 공유할 수 있는 시스템을 구축할 수 있습니다.

22. 블록체인 기반의 자동차 공유 플랫폼: 블록체인을 통해 자동차 공유를 운영하고, 소유자와 사용자 간의 거래를 투명하게 관리합니다.

23. 블록체인 기반의 자산 관리 플랫폼: 개인이 자신의 자산을 관리하고 투자할 수 있는 플랫폼을 제공하여 자산의 가치를 증대시킵니다.

24. 블록체인 기반의 재난 경감 시스템: 재난 발생 시 블록체인을 통해 신속하고 효과적인 구호와 자원 분배를 관리합니다.

25. 블록체인 기반의 제품 인증: 블록체인을 활용하여 제품의 출처와 진정성을 검증하는 시스템을 구축할 수 있습니다. 이를 통해 소비자들은 제품의 투명성과 신뢰성을 높일 수 있습니다. 예를 들어, 블록체인을 이용하여 제품의 투명성과 신원을 추적할 수 있는 플랫폼을 제공합니다.

26. 블록체인 기반의 중고 거래 플랫폼: 중고 제품 거래를 블록체인으로 기록하여 거래의 안전성과 진위 여부를 확인할 수 있도록 합니다.

27. 블록체인 기반의 스마트 계약 플랫폼: 스마트 계약은 자동화된 계약으로, 블록체인을 이용하여 중개인 없이 계약을 체결하고 실행할 수 있습니다. 이를 통해 신뢰성과 효율성을 높일 수 있습니다.

28. 블록체인 기반의 예약 시스템: 호텔, 항공사, 렌터카 회사 등의 예약 시스템을 블록체인으로 구현하여 중개업체 없이 예약을 직접 처리할 수 있습니다. 예를 들어, 블록체인을 활용하여 호텔 예약 및 여행 패키지를 제공하며 중개 수수료를 없애고 예약 과정을 투명하게 만듭니다.

29. 블록체인 기반의 투표 시스템: 블록체인을 이용하여 안전하고 투명한 선거 및 투표 시스템을 구축할 수 있습니다. 이를 통해 조작이 어려운

선거를 실현할 수 있습니다.

30. 블록체인 기반의 학위 및 자격증 검증 시스템: 학위와 자격증 정보를 블록체인에 저장하여 위조와 변조를 방지하고 신뢰성을 높입니다.

제5장

"빅데이터 기술"을 활용한 소자본 창업

제1절. 기술 개요 및 특성

빅데이터 기술은 대규모의 다양한 유형의 데이터를 수집, 저장, 처리, 분석하는 데 필요한 기술과 방법을 의미합니다. 이러한 데이터는 기존의 데이터베이스 관리 시스템이나 데이터 처리 도구로는 처리하기 어려운 규모와 다양성을 가지고 있습니다. 빅데이터 기술은 이러한 특성을 고려하여 데이터를 수집, 저장, 처리, 분석하는 기술을 개발하고 적용하는 것을 목표로 합니다. 이를 위해 분산 컴퓨팅, 병렬 처리, 클라우드 컴퓨팅, 대규모 데이터베이스, 데이터 마이닝, 기계 학습, 인공 지능 등 다양한 기술과 도구를 활용합니다. 빅데이터 기술은 기업, 정부, 학계 등 다양한 분야에서 활용되며, 데이터 기반의 의사 결정과 예측, 고객 분석, 마케팅, 의료 연구, 도시 계획 등에 큰 영향을 미치고 있습니다.

빅데이터 기술의 주요 특성은 다음과 같습니다.

첫째, 다양성(Variety)입니다. 빅데이터는 다양한 형식과 유형의 데이터로 구성됩니다. 구조화된 데이터뿐만 아니라 비구조화된 데이터(예: 텍스트, 이미지, 비디오 등)와 실시간 스트리밍 데이터도 포함될 수 있습니다. 따라서 빅데이터 기술은 다양한 데이터 형식을 처리하고 효과적으로 분석할 수 있는 다양한 도구와 기술을 제공합니다.

둘째, 대용량(Volume)입니다. 빅데이터는 수십 테라바이트(Terabyte)에서 페타바이트(Petabyte)에 이르는 대량의 데이터를 포함합니다. 이러한 데이터는 기존의 데이터 처리 방식으로는 처리가 어렵거나 불가능한 정도의 규모를 가지고 있습니다. 따라서 빅데이터 기술은 이러한 대용량 데이터를 처리하고 저장할 수 있는 확장성과 유연성을 제공합니다.

셋째, 데이터 통합과 분석입니다. 빅데이터 기술은 다양한 소스에서 수집된 데이터를 통합하고 분석하는 능력을 제공합니다. 이를 통해 기업이나 조직은 다양한 데이터 소스에서 가치 있는 통찰력을 얻을 수 있습니다. 빅데이터 기술은 데이터의 추출, 변환, 로드(ETL) 프로세스와 데이터 분석 및 시각화 기술을 포함합니다.

넷째, 신속한 속도(Velocity)입니다. 빅데이터는 실시간으로 생성되고 수집될 수 있습니다. 따라서 이러한 데이터를 실시간으로 수집하고 처리하여 실시간 분석과 의사 결정을 가능하게 하는 기술이 필요합니다. 빅데이터 기술은 이러한 대량의 데이터를 실시간으로 처리하고 분석할 수 있는 능력을 제공합니다.

다섯째, 머신러닝과 인공 지능입니다. 빅데이터 기술은 머신러닝 및 인공 지능 기술과 결합되어 사용됩니다. 대규모 데이터 세트를 기반으로 모델을 학습하고 예측하는 머신러닝 알고리즘과 인공 지능 기술을 활용하여 통찰력을 얻을 수 있습니다. 이를 통해 더 나은 예측, 의사 결정 및 비즈니스 성과를 달성할 수 있습니다.

제2절. 수익성 사업 모델

아래의 예시는 빅데이터 기술을 활용한 다양한 사업 모델의 일부입니다. 빅데이터는 데이터의 양과 다양성이 많아지면서 기업이나 기관에게 많은 가치를 제공하고 있으며, 이에 따라 더 많은 창업 및 사업 기회가 개척될 것으로 기대됩니다.

1. 빅데이터 분석 및 예측: 대규모 데이터를 수집하고 분석하여 비즈니스 의사 결정에 도움을 주는 서비스를 제공합니다.

2. 빅데이터 기반 보험 평가: 고객의 보험 관련 데이터를 분석하여 개인의 위험 프로파일을 평가하고 맞춤형 보험 상품을 제안합니다. 예를 들어, 운전 기록, 건강 정보 및 생활 습관 데이터를 분석하여 개인의 보험 요구 사항을 평가합니다.

3. 빅데이터를 활용한 건강 관리 및 예측: 개인의 건강 데이터를 분석하여 질병 예측, 건강 관리를 지원하는 솔루션을 제공합니다.

4. 빅데이터를 활용한 고객 세분화 및 개인 맞춤형 마케팅: 빅데이터 기술을 활용하여 고객의 선호도, 행동 패턴 등을 분석하고 이에 따라 개인 맞춤형 마케팅 전략을 구축하는 사업 모델입니다.

5. 빅데이터를 활용한 광고 타겟팅 플랫폼: 사용자의 온라인 행동, 관심

사, 인구 통계 등을 분석하여 광고를 특정 타겟 대상에게 맞춤화하는 플랫폼을 제공합니다.

6. 빅데이터를 활용한 교육 데이터 분석 플랫폼: 학생의 학습 데이터와 성적을 분석하여 개별 학습 계획을 제공하고 교육 품질을 향상시킵니다. 예를 들어, 학생의 성적과 학습 패턴을 분석하여 개별 맞춤형 학습 로드맵을 제공합니다.

7. 빅데이터를 활용한 금융 리스크 관리: 금융 기관은 대량의 금융 데이터를 수집하여 고객의 신용 위험성을 예측하고, 사기 행위를 탐지하는 등의 목적으로 활용할 수 있습니다. 또한, 신용 대출 승인 여부를 결정하기 위해 고객의 신용 카드 사용 패턴 등을 분석하는 사업 모델이 있습니다.

8. 빅데이터를 활용한 금융 포트폴리오 최적화 서비스: 금융 시장 데이터와 투자자의 목표를 분석하여 최적의 투자 포트폴리오를 구성합니다. 예를 들어, 주식, 채권 및 자산 가치 데이터를 분석하여 투자자의 수익 목표와 위험 허용도에 맞는 포트폴리오를 구성합니다.

9. 빅데이터를 활용한 도시 교통 최적화 플랫폼: 대중 교통 데이터와 교통 시뮬레이션을 통해 도시 교통 흐름을 최적화합니다. 예를 들어, 교통 카메라 데이터와 GPS 데이터를 분석하여 도로 혼잡을 예측하고 교통 흐름을 조절하는 방안을 제시합니다.

10. 빅데이터를 활용한 마케팅 데이터 분석 플랫폼: 광고 및 마케팅 데이터를 수집하고 분석하여 기업에 최적화된 마케팅 전략을 제공합니다. 예를 들어, 소셜 미디어 플랫폼의 광고 효과를 분석하여 특정 고객 세그먼트에게 맞춤형 광고를 제공합니다.

11. 빅데이터를 활용한 물류 및 공급망 최적화: 빅데이터를 활용하여 물류 및 공급망의 효율성을 개선하고, 재고 관리 및 예측을 지원하는 플랫폼을 제공합니다.

12. 빅데이터를 활용한 보험료 책정 및 손해 예측: 보험 데이터를 분석하여 적정한 보험료를 책정하고, 손해 발생을 예측하는 플랫폼을 제공합니다.

13. 빅데이터를 활용한 스마트 헬스케어 장치: 개인 건강과 생체 신호 데이터를 수집하여 건강 모니터링 및 질병 예방을 지원합니다. 예를 들어, 심박수, 수면 패턴 및 활동량 데이터를 분석하여 개인의 건강 상태를 평가하고 개선 방안을 제안합니다.

14. 빅데이터를 활용한 사회적 네트워크 분석 플랫폼: 사회적 네트워크 데이터를 수집하여 인맥 관리 및 영향력 분석을 지원합니다. 예를 들어, 데이터를 분석하여 비즈니스 네트워크를 구축하고 효과적인 인맥 관리를 돕습니다.

15. 빅데이터를 활용한 소셜 미디어 분석 및 인플루언서 마케팅: 소셜 미디어에서의 트렌드와 인플루언서의 영향력을 분석하여 기업의 마케팅 전략에 활용하는 서비스입니다.

16. 빅데이터를 활용한 스마트 농업 솔루션: 농작물 생산에 필요한 환경 데이터와 작물 성장 데이터를 수집하여 농작물 생산성을 향상시킵니다. 예를 들어, 토양 습도, 온도 및 작물 성장 데이터를 모니터링하여 작물에 최적화된 관리 방법을 제공합니다.

17. 빅데이터를 활용한 스마트 도시 인프라 관리 시스템: 도시 내 다양한 인프라 데이터를 수집하여 효율적인 도시 운영을 돕는 시스템을 구축합니다. 예를 들어, 도로 교통 데이터와 날씨 데이터를 분석하여 도로 교통 혼잡을 예측하고 교통 흐름을 최적화합니다.

18. 빅데이터를 활용한 스마트 물류 및 공급망 관리 시스템: 물류 및 공급망 데이터를 수집하여 효율적인 운송 및 재고 관리를 지원합니다. 예를 들어, 센서 데이터와 주문 정보를 분석하여 실시간으로 재고 수준을 파악하고 공급망을 최적화합니다.

19. 빅데이터를 활용한 스마트 미디어 추천: 사용자의 관심사와 행동 데이터를 분석하여 맞춤형 미디어 컨텐츠를 추천하는 플랫폼을 제공합니다.

20. 빅데이터를 활용한 스마트 스포츠 분석 플랫폼: 스포츠 경기 데이터를 수집하여 선수의 성과를 분석하고 전략을 개선합니다. 예를 들어, 축구 경기 데이터를 분석하여 팀의 전술적 결정에 도움을 주고 선수의 개인적인 성과를 평가합니다.

21. 빅데이터를 활용한 스마트 시티 솔루션: 도시 내 다양한 센서 및 IoT 기기로부터 발생하는 데이터를 수집하고 분석하여 도시 운영 및 관리에 활용하는 사업 모델입니다. 예를 들어, 교통 데이터를 수집하여 교통 체증 예측 및 효율적인 교통 흐름 관리를 제공하는 스마트 교통 시스템이 있습니다.

22. 빅데이터를 활용한 스마트 자동차 분석 플랫폼: 자동차 센서 데이터를 수집하여 운전 습관을 분석하고 운전자의 안전성을 향상시킵니다. 예를 들어, 운전자의 가속도, 제동력 및 주행 패턴을 분석하여 운전 습관에 대한 피드백을 제공합니다.

23. 빅데이터를 활용한 스마트 투자 및 자산 관리: 투자자의 프로파일과 투자 기록을 분석하여 개인에게 맞는 투자 포트폴리오를 제안합니다. 예를 들어, 투자자의 투자 성향과 금융 목표를 분석하여 적절한 투자 전략을 제시합니다.

24. 빅데이터를 활용한 스마트 플랜트 관리 시스템: 제조업체의 생산 데이터와 IoT 센서를 활용하여 공정 최적화 및 유지 보수를 지원합니다.

예를 들어, 생산 라인 센서 데이터를 분석하여 생산 과정의 병목 현상을 식별하고 예방 조치를 취합니다.

25. 빅데이터를 활용한 스마트 헬스케어: 환자의 의료 기록, 센서 데이터 등을 분석하여 건강 모니터링 및 질병 예방을 지원하는 플랫폼을 제공합니다.

26. 빅데이터를 활용한 스마트 환경 모니터링 시스템: 대기 오염, 수질 오염 및 자연재해와 관련된 데이터를 수집하여 환경 모니터링을 수행합니다. 예를 들어, 대기 중의 유해 물질 농도와 날씨 데이터를 분석하여 대기질 변화를 모니터링하고 환경 문제에 대한 조치를 제안합니다.

27. 빅데이터를 활용한 스포츠 데이터 분석 및 선수 성과 개선: 스포츠 분야에서는 선수들의 성적, 운동 생체 데이터, 경기 데이터 등을 수집하여 분석하고, 개인 선수의 성과를 개선하는 데 활용할 수 있습니다. 예를 들어, 빅데이터를 기반으로 한 피지컬 트레이닝 플랫폼을 제공하여 개인 선수의 피지컬 트레이닝 및 부상 예방을 도와주는 사업 모델입니다.

28. 빅데이터를 활용한 실시간 주식 거래 알림 서비스: 주식 시장 데이터를 실시간으로 분석하여 투자자에게 주식 거래 알림을 제공합니다. 예를 들어, 주식 가격 변동성과 뉴스 데이터를 분석하여 투자 전략에 도움을 줍니다.

29. 빅데이터를 활용한 에너지 사용 최적화 솔루션: 가정이나 기업의 에너지 사용량 데이터를 분석하여 에너지 소비를 최적화합니다. 예를 들어, 데이터를 분석하여 에너지 사용 패턴을 파악하고 에너지 절감 방법을 제안합니다.

30. 빅데이터를 활용한 음악 추천 플랫폼: 음악 스트리밍 서비스를 위해 사용자의 음악 취향과 장르 선호도를 분석하여 개인화된 음악 추천을 제공합니다.

31. 빅데이터를 활용한 의료 데이터 분석 및 예방 의료 서비스: 환자의 건강 기록, 생체 센서 데이터 등을 분석하여 질병 예방 및 조기 진단을 도와주는 사업 모델입니다.

32. 빅데이터를 활용한 시장 예측: 다양한 데이터를 활용하여 주식 시장, 부동산 시장 등의 변동성을 예측하는 솔루션을 제공합니다.

33. 빅데이터를 활용한 온라인 상담: 고객 상담 데이터를 수집하여 자동 응답 및 고객 지원 서비스를 제공합니다. 예를 들어, 고객의 질문을 분석하여 최적의 답변을 제공하고 고객 서비스 요청을 자동으로 처리합니다.

34. 빅데이터를 활용한 자동화된 식품 생산 시스템: 농작물 생산 데이터와 자동화 기술을 결합하여 효율적인 식품 생산 시스템을 구축합니

다. 예를 들어, 식물의 성장 데이터와 스마트 센서를 사용하여 작물 생산 과정을 관찰하고 제어합니다.

35. 빅데이터를 활용한 헬스케어 분석 플랫폼: 환자의 의료 기록과 생체 신호를 분석하여 진단 및 치료 방법을 개선하는 데 활용합니다. 예를 들어, 의료 영상 데이터를 분석하여 암 진단의 정확성을 향상시키는 알고리즘을 개발합니다.

제6장

"사물인터넷 기술"을 활용한 소자본 창업

제1절. 기술 개요 및 특성

　사물인터넷(Internet of Things, IoT) 기술은 사물에 센서, 소프트웨어, 네트워크 연결 등을 장착하여 인터넷을 통해 상호 연결되고 통신하는 기술을 말합니다. 즉, 사물(일상생활에서 사용되는 물건)들이 인터넷에 연결되어 데이터를 수집, 분석, 공유하며 서로 상호 작용하는 기술입니다. 사물인터넷은 다양한 분야에서 활용되고 있으며, 가전제품, 자동차, 건축물, 의료 기기, 도시 인프라, 농업 등 다양한 사물들이 인터넷에 연결되어 데이터를 주고받고 제어할 수 있게 됩니다.

　사물인터넷 기술의 주요 특성은 다음과 같습니다.

　첫째, 연결성입니다. 사물인터넷은 다양한 기기와 센서들을 인터넷으로 연결하여 통신할 수 있도록 합니다. 이를 통해 사물들은 서로 정보를 교환하고, 인터넷을 통해 상호 간에 통신하고 데이터를 공유할 수 있습니다. 이를 통해 사물들 간의 연결성을 향상시키고 효율적인 데이터 교환을 가능하게 합니다.

둘째, 센싱과 데이터 수집입니다. 사물인터넷은 다양한 센서를 이용하여 환경 데이터를 실시간으로 수집할 수 있습니다. 이를 통해 온도, 습도, 위치, 속도, 압력 등 다양한 데이터를 수집할 수 있습니다. 이러한 데이터는 환경 모니터링, 건강 관리, 농업, 운송 등 다양한 분야에서 활용될 수 있습니다.

셋째, 자동화와 제어입니다. 사물인터넷은 사물들을 자동으로 제어하고 모니터링할 수 있는 기능을 제공합니다. 예를 들어, 스마트 홈에서는 조명, 난방, 가전제품 등을 원격으로 제어하여 에너지를 절약하거나 편의성을 높일 수 있습니다.

넷째, 대규모 데이터 처리 능력입니다. 사물인터넷은 많은 양의 데이터를 처리하고 분석하는 능력을 가지고 있습니다. 이를 통해 사물인터넷 시스템은 데이터를 분석하여 패턴을 파악하고, 예측 분석, 지능적인 의사 결정 등을 수행할 수 있습니다.

다섯째, 지능성(Intelligence)입니다. 사물인터넷은 사물들을 인공 지능 기술과 결합하여 데이터를 분석하고 학습할 수 있습니다. 이를 통해 사물들은 환경에 대한 패턴을 파악하고 예측하는 등의 지능적인 기능을 수행할 수 있습니다.

또한, 사물인터넷은 수많은 사물들이 연결될 수 있는 확장성을 갖고 있습니다. 따라서 시간이 지남에 따라 점차적으로 사물들이 추가되어 네트워크가 확장될 수 있습니다. 이러한 특성으로 인해 사물인터넷은 다양한 산업 분야에서 효율성과 생산성을 향상시킬 수 있습니다. 예를 들어, 제조업에서는 생산 공정을 모니터링하고 최적화하여 불량률을 낮추거나 자동화된 재고 관리를 통해 비용을 절감할 수도 있습니다.

제2절. 수익성 사업 모델

아래에서 사물인터넷 기술을 활용한 수익성 사업 모델을 간단한 설명과 함께 예시하겠습니다. 이외에도 사물인터넷의 발전과 함께 이러한 사업 모델들은 더욱 다양해질 것으로 예상됩니다.

1. 사물인터넷(IoT) 솔루션: 센서나 장치를 활용하여 스마트 홈, 스마트 시티 등의 솔루션을 개발하고 판매하는 모델입니다. 예를 들어, 스마트 홈 자동화 시스템이나 스마트 농업 기술 등이 있습니다.

2. 스마트 리테일: 고객의 구매 데이터와 상점 내부 센서 데이터를 수집하여 맞춤형 마케팅 및 재고 관리를 지원합니다. 예를 들어, 고객의 구매 기록과 위치 정보를 분석하여 개인화된 할인 쿠폰을 제공하고 재고를 최적화합니다.

3. 스마트 가스 및 수도 미터링: 가정에서 가스 및 수도 사용량을 모니터링하고, 사용량에 따른 비용을 추적하여 절감 방법을 제시합니다.

4. 스마트 건강 모니터링: 의료 기기 및 센서를 사용하여 실시간으로 생체 신호를 모니터링하고, 의료 전문가와 연결하여 건강 관리를 지원합니다.

5. 스마트 건강 및 피트니스 트래커: 개인의 활동량, 심박수, 수면 패턴 등을 모니터링하여 건강과 피트니스를 관리하는 IoT 기반의 트래킹 장치

를 제공합니다.

6. 스마트 건설 및 시설 관리: 건물 및 인프라 시스템을 모니터링하고 유지 보수를 지원하는 IoT 시스템을 개발합니다. 센서와 데이터 분석을 활용하여 건물의 안전, 효율성 및 지속 가능성을 향상시키는 데 도움을 줍니다.

7. 스마트 건설 현장 모니터링: 건설 현장에서 IoT 센서를 사용하여 건물 구조, 안전 및 생산성을 모니터링하는 시스템을 제공합니다.

8. 스마트 건축물 관리: 건물 내부 및 외부에서 센서를 사용하여 건물의 전력 소비, 온도, 조명 등을 최적화하고 관리합니다.

9. 스마트 공장 자동화: 제조 공장에서 IoT 기술을 사용하여 생산 라인을 자동화하고, 기계의 상태를 모니터링하는 시스템을 제공합니다.

10. 스마트 교육 시스템: 학생들의 학습 진행 상황을 모니터링하고, 개별 맞춤 학습과 학습 분석을 제공하는 IoT 기반의 교육 시스템을 제공합니다.

11. 스마트 금융 모니터링: 금융 거래를 간소화하고, 자산 및 계좌 모니터링을 자동화하여 투자와 금융 관리를 지원합니다.

12. 스마트 농업 솔루션: 농작물을 효율적으로 관리하기 위해 IoT 센서를 사용합니다. 농작물에 센서를 사용하여 작물의 상태, 토양 조건, 날씨 등을 모니터링하고 최적의 조건으로 관리하는 솔루션을 제공합니다. 예: 스마트 센서 기반의 농작물 자동 관수 시스템, 작물 상태 모니터링 솔루션 등

13. 스마트 도서관: 책 추적 시스템과 전자 대여 서비스를 통해 도서관 이용 경험을 향상시키고 도서 관리를 최적화합니다.

14. 스마트 도시 관리: 도시 내의 다양한 인프라와 시설물을 연결하여 효율적인 관리와 운영을 지원하는 시스템을 개발합니다. 예: 스마트 거리 조명 시스템, 공공 교통 모니터링 시스템, 쓰레기 수거 및 관리 시스템 등

15. 스마트 도시 교통 관리: 도시의 교통 흐름을 모니터링하고, 신호등 및 교통 지침을 최적화하는 IoT 기반의 교통 관리 시스템을 제공합니다.

16. 스마트 도시 주차 관리: 주차장에 설치된 IoT 센서를 통해 빈 공간과 차량 이동을 추적합니다. 이를 통해 운전자는 스마트폰 앱을 통해 주차 가능한 공간을 실시간으로 확인하고, 도시는 주차 공간을 효율적으로 관리할 수 있습니다.

17. 스마트 동물 관리: 반려동물에게 착용되는 IoT 기반의 칼라나 태그를

통해 위치 추적, 건강 모니터링 및 안전한 환경 제공하는 서비스를 제공합니다.

18. 스마트 물 관리: 물 공급 네트워크에서 누수를 탐지하고 물 사용량을 모니터링하는 IoT 기술을 사용합니다. 이를 통해 물의 낭비를 줄이고 효율적인 물 관리를 실현할 수 있습니다.

19. 스마트 물류 및 운송 관리: 운송 차량이나 화물을 추적하는 IoT 기술을 활용하여 물류 프로세스를 향상시킵니다. GPS, 센서 및 데이터 분석을 통해 실시간 위치 추적, 경로 최적화, 조건 모니터링 등을 수행하여 물류 효율성을 향상시킵니다.

20. 스마트 보행자 안전: 보행자와 차량 사이의 충돌을 감지하고 경고하는 시스템을 구축하여 보행자의 안전을 강화합니다.

21. 스마트 빌딩 관리: 건물 내의 시설물과 장치를 연결하여 에너지 효율성, 안전 및 편의성을 개선하는 빌딩 관리 시스템을 개발합니다. 예: 스마트 조명 및 온도 제어 시스템, 건물 보안 시스템, 스마트 화재 감지 시스템 등

22. 스마트 수도관 관리: 도시의 수도관을 모니터링하여 누출, 파손 등의 문제를 식별하고, 물량을 효율적으로 관리하는 IoT 기반의 서비스를 제공합니다.

23. 스마트 대중교통 시스템: 대중교통 시스템을 모니터링하고, 승객에게 실시간 도착 정보를 제공하여 효율적인 이동을 돕습니다.

24. 스마트 스포츠 트레이닝: 스포츠 트레이닝을 위해 착용되는 IoT 센서와 앱을 통해 운동 기록, 분석, 개선을 지원하는 서비스를 제공합니다.

25. 스마트 시티 솔루션: 도시 내의 인프라와 서비스를 연결하여 효율성과 편의성을 개선하는 서비스를 제공합니다.

26. 스마트 실시간 위치 추적: 센서와 GPS를 활용하여 가족 구성원, 반려동물 등의 위치를 실시간으로 추적하고 안전을 유지합니다.

27. 스마트 쓰레기 관리: 쓰레기통에 설치된 IoT 센서를 통해 쓰레기 수거 상태를 모니터링하고, 최적의 경로를 계산하여 효율적인 쓰레기 수거를 제공하는 서비스입니다.

28. 스마트 에너지 관리: 가정이나 상업용 건물에서 에너지 사용을 최적화하는 IoT 시스템을 구축합니다. 전력 소비량을 실시간으로 모니터링하고, 스마트 미터 및 자동 제어 장치를 사용하여 에너지 소비를 최소화하고 비용을 절감합니다.

29. 스마트 에너지 그리드 시스템: 전력 그리드 데이터와 에너지 사용 패턴을 분석하여 에너지 효율을 향상시키고 신재생 에너지 통합을 지원

합니다. 예를 들어, 전력 사용 패턴과 날씨 데이터를 분석하여 에너지 수요를 예측하고 전력 생산 계획을 최적화합니다.

30. 스마트 자동차 보험: 자동차에 장착된 IoT 장치를 통해 운전 습관과 주행 데이터를 수집하여 개인화된 보험료율을 제공하는 보험 서비스입니다.

31. 스마트 자동차 관리: 자동차 내에 탑재된 센서와 인터넷 연결을 통해 운전 보조 시스템, 차량 진단 및 유지 보수 등을 제공하는 서비스를 개발합니다. 예: 스마트 차량 트래킹 시스템, 운전 습관 분석 시스템, 자율 주행 차량 등

32. 스마트 농장: 센서, 자동화 장치 및 IoT 플랫폼을 활용하여 식물의 생장, 관수, 수확 등을 자동으로 관리하는 자동화된 농장입니다.

33. 스마트 자전거 공유: 스마트 자전거와 GPS를 활용하여 자전거 대여 및 위치 추적 서비스를 제공하여 도시 내 이동성을 개선합니다.

34. 스마트 재고 관리: 상점이나 창고에서 재고를 자동으로 추적하고 관리합니다. RFID 태그나 IoT 센서를 사용하여 제품의 이동과 재고 수준을 실시간으로 모니터링하며, 자동 주문 시스템을 통해 재고를 유지합니다.

35. 스마트 트래픽 관리: 교통 데이터를 수집하고 분석하여 교통 혼잡을 예측하고, 운전자에게 최적의 경로를 안내합니다.

36. 스마트 헬스케어: 환자의 건강 상태를 실시간으로 모니터링하고 의료진과 환자 간의 원격 통신을 가능하게 하는 의료 기기 및 서비스를 개발합니다. 예: 스마트 웨어러블 장치를 통한 실시간 건강 모니터링, 원격 진료 플랫폼 등

37. 스마트 호텔 관리: 고객의 선호도에 따라 개인화된 서비스를 제공하고, 객실 관리 및 예약을 자동화하여 효율성을 높입니다.

38. 스마트 홈 보안 시스템: 사물인터넷 기기를 이용하여 주택의 보안을 향상시키는 시스템을 구축합니다. 이 시스템은 문 잠금 장치, CCTV 카메라, 움직임 감지 센서 등을 통해 집주인에게 실시간 알림을 보내고 원격으로 모니터링할 수 있습니다.

39. 스마트 홈 자동화 시스템: 가정 내부 센서 데이터와 스마트 기기를 통해 가정의 편의성과 에너지 효율을 개선합니다. 예를 들어, 스마트 조명과 온도 제어를 자동으로 조절하여 에너지 절감과 사용자 편의성을 동시에 제공합니다.

40. 스마트 환경 모니터링: 자연환경 요소를 모니터링하여 공기 품질, 대기 오염, 재난 예방 등에 대한 정보를 제공하는 IoT 기반의 서비스입

니다.

41. 스마트 화재 안전 관리: 센서와 카메라를 사용하여 화재를 감지하고, 신속하게 경보를 울려 인명 피해 최소화, 화재 피해 예방 등에 대한 정보를 제공하는 IoT 기반의 서비스입니다.

제7장

"소셜 미디어 기술"을 활용한 소자본 창업

제1절. 기술 개요 및 특성

소셜 미디어 기술은 인터넷과 컴퓨터 기술을 활용하여 사람들이 정보를 공유하고 상호 작용할 수 있는 디지털 플랫폼과 도구들을 가리킵니다. 이러한 기술은 인터넷과 모바일 플랫폼의 발전과 함께 발전하였으며, 사람들이 소셜 미디어 플랫폼을 통해 커뮤니케이션, 협력, 정보 공유, 엔터테인먼트 등을 경험할 수 있도록 도와줍니다.

또한, 소셜 미디어 기술은 소셜 미디어 플랫폼을 통해 사람들이 글, 사진, 동영상 등의 콘텐츠를 만들고 공유하며, 다른 사용자들과 의사소통하고 상호 작용할 수 있는 기능을 제공합니다. 이러한 소셜 미디어 기술은 다양한 형태로 존재하며 정보의 공유와 협업을 촉진하여 현대 사회에서 중요한 역할을 수행하고 있습니다.

소셜 미디어 기술의 주요 특성은 다음과 같습니다.

첫째, 접근성과 네트워킹입니다. 소셜 미디어 플랫폼은 대중적으로 접근 가능하며, 다양한 사용자들이 이용할 수 있습니다. 또한, 소셜 미디어는 사회적인 네트워크 형성을 도와줍니다. 이는 전 세계적으로 사람들이 연결되고 커뮤니케이션할 수 있는 기회를 제공합니다. 사용자들은 친구, 가족, 동료 등과 연결되어 그들의 활동을 공유하고 서로와의 관계를 유지할 수 있습니다. 또한, 소셜 미디어 플랫폼은 비슷한 관심사를 가진 사람들을 찾아 주는 기능을 제공하여 네트워크 확장과 새로운 관계 형성을 도울 수 있습니다.

둘째, 사용자 생성 콘텐츠입니다. 소셜 미디어는 사용자들이 콘텐츠를 직접 생성하고 공유할 수 있는 환경을 제공합니다. 사용자들은 콘텐츠를 생성하고, 정보를 제공하고, 의견을 나누며, 커뮤니티를 형성하는 등 활발한 참여를 할 수 있습니다. 이는 기존의 일방적인 미디어 소비 패러다임을 깨고, 개인들이 콘텐츠 생산자가 되는 것을 가능케 합니다. 사용자 생성 콘텐츠는 다양성과 창의성을 높일 뿐만 아니라, 더욱 개인화된 경험을 제공하고 사용자들의 참여를 촉진합니다.

셋째, 실시간 정보 공유입니다. 소셜 미디어는 정보를 쉽고 빠르게 공유할 수 있는 플랫폼입니다. 사용자들은 자신의 생각, 경험, 관심사 등을 글, 사진, 동영상 등 다양한 형태로 실시간으로 공유할 수 있습니다. 또한, 소셜 미디어는 사용자들 간의 대화와 상호 작용을 촉진합니다. 댓글, 채팅 등의 기능을 통해 사용자들은 다른 사람들과 소통하고 의견을 교환할 수 있습니다. 이를 통해 소셜 미디어는 실시간으로 일어나는 사회적인 대화와 토론의 장을 제공하며, 다양한 의견과 관점을 공유할 수 있는 플랫폼이

되었습니다.

넷째, 데이터 기반 인사이트입니다. 소셜 미디어는 사용자들이 생성하는 대량의 데이터를 수집하고 분석함으로써 인사이트와 트렌드를 발견할 수 있습니다. 이를 통해 기업이나 조직은 소셜 미디어를 활용하여 시장 조사, 마케팅 전략, 소비자 행동 등을 이해할 수 있습니다.

제2절. 수익성 사업 모델

아래에서 소셜 미디어 기술을 활용한 수익성 사업 모델을 예시와 함께 설명해 드리겠습니다. 이러한 사업 모델은 소셜 미디어 기술의 발전과 함께 계속해서 변화하고 새로운 아이디어와 기회가 등장할 수 있습니다.

1. 소셜 미디어 기반 리뷰 및 평가 플랫폼: 사용자들이 제품이나 서비스에 대한 리뷰와 평가를 공유할 수 있는 소셜 미디어 플랫폼입니다.

2. 소셜 미디어 컨텐츠 에이전시: 기업의 소셜 미디어 채널을 관리하고, 컨텐츠를 제작 및 게시하는 서비스를 제공하는 모델입니다.

3. 소셜 미디어 기반 교육 서비스: 소셜 미디어 플랫폼에서 교육 콘텐츠를 제공하고 회원들로부터 수강료를 받는 사업 모델입니다. 예를 들어, 인스타그램을 활용하여 사진 촬영 및 편집 강의를 제공하고 수강료를 받을 수 있습니다.

4. 소셜 미디어 기반 건강 및 웰빙 서비스: 소셜 미디어를 활용하여 건강 및 웰빙과 관련된 정보, 피트니스 앱, 온라인 상담 등을 제공하는 모델입니다.

5. 소셜 미디어 기반 건축 및 인테리어 서비스: 건축 및 인테리어 관련 정보, 아이디어, 전문가의 조언 등을 제공하는 플랫폼입니다.

6. 소셜 미디어 기반 게임 개발 및 판매: 소셜 미디어 플랫폼에서 게임을 개발하고 판매하는 사업 모델입니다. 페이스북의 게임 플랫폼은 게임 개발자들로부터 수익을 창출할 수 있는 기회를 제공합니다.

7. 소셜 미디어 기반 고용 및 채용 서비스: 기업과 구직자를 연결하여 채용 정보와 구직자 프로필을 공유하는 모델입니다.

8. 소셜 미디어 기반 광고 플랫폼: 소셜 미디어 플랫폼을 활용하여 광고를 게재하고 광고주로부터 수익을 창출합니다. 예를 들어, 페이스북의 광고 플랫폼은 광고주가 사용자들에게 광고를 보여 주고, 광고 클릭이나 노출에 대한 비용을 지불 받습니다.

9. 소셜 미디어 기반 데이터 분석 서비스: 소셜 미디어 데이터를 수집하고 분석하여 기업이나 조직에게 유용한 인사이트를 제공하는 모델입니다. 이를 통해 마케팅 전략 개발이나 고객 인사이트 파악에 도움을 줄 수 있습니다.

10. 소셜 미디어 기반 디지털 교환 시장: 소셜 미디어 플랫폼에서 가상 상품 또는 디지털 자산을 교환하는 시장을 운영하는 사업 모델입니다.

11. 소셜 미디어 기반 맞춤형 마케팅 서비스: 소셜 미디어의 사용자 데이터를 활용하여 광고주에게 맞춤형 마케팅 솔루션을 제공하는 모델입니다. 이를 통해 효율적인 광고 효과를 얻을 수 있습니다.

12. 소셜 미디어 기반 브랜드 커뮤니티: 브랜드와 소비자들을 연결하여 소셜 미디어에서 상호 작용할 수 있는 커뮤니티를 구축하는 모델입니다.

13. 소셜 미디어 기반 사회 기부 플랫폼: 소셜 미디어를 통해 사회적 문제에 대한 인식을 높이고 기부를 유도하는 플랫폼입니다.

14. 소셜 미디어 기반 소셜 커머스: 소셜 미디어 플랫폼을 활용하여 제품 또는 서비스를 판매하는 사업 모델입니다. 소셜 미디어에서 상품을 직접 구매하고 판매자로부터 수수료를 받을 수 있습니다.

15. 소셜 미디어 기반 소셜 미디어 컨설팅: 기업이나 개인에게 소셜 미디어 전략 및 운영에 대한 컨설팅 서비스를 제공하는 모델입니다. 전문적인 조언을 통해 사용자들의 소셜 미디어 활동을 개선할 수 있습니다.

16. 소셜 미디어 기반 실시간 뉴스: 소셜 미디어를 활용하여 실시간 뉴스와 이벤트를 전달하는 사업 모델입니다.

17. 소셜 미디어 기반 앱 개발: 소셜 미디어 앱을 개발하여 다운로드 및 광고 수익을 창출하는 모델입니다. TikTok이나 Snapchat과 같은 앱이 이에 해당합니다.

18. 소셜 미디어 기반 위치 기반 마케팅: 소셜 미디어 플랫폼에서 위치 기반 광고를 게재하고 광고주로부터 수익을 창출하는 사업 모델입니다.

19. 소셜 미디어 기반 음악 스트리밍: 음악 플랫폼에서 소셜 미디어 기능을 제공하여 사용자들이 음악을 공유하고 소통할 수 있도록 하는 모델입니다.

20. 소셜 미디어 기반 이벤트 마케팅: 소셜 미디어 플랫폼을 활용하여 이벤트를 마케팅하고 참여자들로부터 등록비를 받는 사업 모델입니다.

21. 소셜 미디어 기반 인공 지능 추천 시스템: 사용자의 소셜 미디어 활동 기록을 분석하여 관심사에 맞는 콘텐츠를 추천하는 시스템을 개발하는 모델입니다.

22. 소셜 미디어 기반 인플루언서 마케팅: 소셜 미디어 플랫폼의 인플루언서들과 협력하여 제품 또는 브랜드를 홍보하고 수익을 창출합니다. 인플루언서는 광고주로부터 제품 또는 서비스를 홍보하고 그에 대한 보상을 받습니다.

23. 소셜 미디어 기반 콘테스트 플랫폼: 사용자들에게 콘테스트를 개최하고 참가자들의 작품을 공유하는 플랫폼입니다.

24. 소셜 미디어 기반 콘텐츠 제작 및 판매: 소셜 미디어 플랫폼에서 독점적인 콘텐츠를 제작하고 판매하는 사업 모델입니다. 예를 들어, 온라인 강의, 전문적인 패션 블로그, 유튜브의 구독 기반 채널은 구독자들로부터 수익을 창출할 수 있습니다.

25. 소셜 미디어 기반 투자 및 금융 서비스: 소셜 미디어를 통해 투자 관련 정보를 제공하고 금융 상품을 판매하는 서비스를 운영하는 모델입니다.

26. 소셜 미디어 기반의 가상 현실 플랫폼: 소셜 미디어와 가상 현실 기술을 결합하여 가상 세계에서 사용자들이 소셜 활동을 할 수 있는 플랫폼을 운영하는 사업 모델입니다.

27. 소셜 미디어 기반의 기업 커뮤니케이션 플랫폼: 소셜 미디어 플랫폼을 활용하여 기업들이 소통하고 고객과의 관계를 강화하는 사업 모델입니다. 예를 들어, 페이스북의 기업 페이지는 기업들이 고객들과 소통하고 제품 또는 서비스에 대한 업데이트를 제공할 수 있는 플랫폼을 제공합니다.

28. 소셜 미디어 기반의 도서 출판 및 판매: 소셜 미디어 플랫폼을 활용하여 독립 작가들이 작품을 출판하고 판매하는 사업 모델입니다. 예를 들어, 페이스북이나 인스타그램을 활용하여 작가들이 자신의 책을 홍보하고 판매할 수 있습니다.

29. 소셜 미디어 기반의 모임 및 이벤트 플랫폼: 소셜 미디어 플랫폼을 활용하여 지역 모임이나 이벤트를 조직하고 참가자들을 모집하는 사업 모델입니다. 예를 들어, 페이스북의 이벤트 기능은 사용자들이 지역 이벤트에 참가하고 주변 사람들과 연결할 수 있는 기회를 제공합니다.

30. 소셜 미디어 기반의 스포츠 플랫폼: 소셜 미디어 플랫폼을 활용하여 스포츠 관련 콘텐츠를 제공하고 팬들이 소셜 활동을 할 수 있는 플랫폼을 운영하는 사업 모델입니다. 예를 들어, 페이스북은 스포츠 관련 콘텐츠를 제공하고 사용자들이 응원 메시지를 공유하며 상호 작용할 수 있는 기회를 제공합니다.

31. 소셜 미디어 기반의 실시간 소셜 쇼핑: 소셜 미디어 플랫폼에서 실시간으로 상품을 소개하고 구매를 유도하는 사업 모델입니다.

32. 소셜 미디어 기반의 여행 서비스: 소셜 미디어 플랫폼을 활용하여 여행 정보를 제공하고 예약 서비스를 제공하는 사업 모델입니다.

33. 소셜 미디어 기반의 음식 배달 플랫폼: 소셜 미디어 플랫폼을 활용하여 음식 배달 서비스를 제공하는 사업 모델입니다.

34. 소셜 미디어 기반의 음악 스트리밍: 소셜 미디어 플랫폼에서 음악 스트리밍 서비스를 제공하고 구독자들로부터 수익을 창출하는 사업 모델입니다. 예를 들어, 소셜 미디어 플랫폼의 사용자들은 다른 사용자들과 음악을 공유하고 음악 스트리밍 서비스를 구독할 수 있습니다.

35. 소셜 미디어 기반의 자기 계발 플랫폼: 소셜 미디어 플랫폼을 활용하여 자기 계발과 관련된 콘텐츠를 제공하고 회원들로부터 수강료를 받는 사업 모델입니다. 예를 들어, 많은 인플루언서들이 소셜 미디어를

활용하여 자기 계발 강의나 팁을 제공하고 회원들로부터 수익을 창출할 수 있습니다.

36. 소셜 미디어 기반의 자선 기부 플랫폼: 소셜 미디어 플랫폼을 활용하여 자선 단체들에게 기부를 유도하고 참여자들로부터 기부금을 모집하는 사업 모델입니다. 예를 들어, 트위터에서는 특정 자선 사업에 대한 정보를 공유하고 사용자들이 기부를 할 수 있는 링크를 제공할 수 있습니다.

37. 소셜 미디어 기반의 정치 참여 플랫폼: 소셜 미디어 플랫폼을 활용하여 정치 관련 정보를 제공하고 시민들의 정치 참여를 유도하는 사업 모델입니다. 예를 들어, 트위터는 정치 인물들이 소식을 공유하고 시민들이 의견을 나누는 플랫폼으로 활용될 수 있습니다.

38. 소셜 미디어 기반의 창작물 판매: 소셜 미디어 플랫폼에서 창작물을 판매하는 사업 모델입니다. 예를 들어, 픽시브(Pixiv.net)는 일본의 창작물 플랫폼으로, 작가들은 자신의 웹툰이나 일러스트를 판매하고 수익을 창출할 수 있습니다.

39. 소셜 미디어 기반의 취업 및 구인 구직 플랫폼: 소셜 미디어 플랫폼을 활용하여 구직자와 채용 기업을 연결하는 사업 모델입니다.

40. 소셜 미디어 기반의 투자 플랫폼: 소셜 미디어 플랫폼을 활용하여 투

자 정보를 공유하고 투자자들이 함께 투자하는 플랫폼을 운영하는 사업 모델입니다.

41. 소셜 미디어 기반의 헬스케어 플랫폼: 소셜 미디어 플랫폼을 활용하여 건강 및 헬스케어 관련 정보를 제공하고, 건강 상태를 관리하는 서비스를 제공하는 사업 모델입니다.

42. 소셜 미디어 커뮤니티 플랫폼: 특정 관심사나 주제에 초점을 맞춘 소셜 미디어 커뮤니티 플랫폼을 개발하고, 회원들로부터 구독비 또는 광고 수익을 창출하는 사업 모델입니다.

43. 소셜 미디어 컨설팅: 소셜 미디어 전문가가 기업이나 개인에게 소셜 미디어 전략과 마케팅을 컨설팅해 주는 사업 모델입니다. 이를 통해 전문가는 컨설팅 수수료를 받을 수 있습니다.

44. 소셜 미디어 플랫폼 분석 도구: 소셜 미디어 플랫폼의 데이터를 분석하여 기업에게 경쟁력 있는 정보를 제공하는 모델입니다. 이를 통해 기업은 소셜 미디어 전략을 최적화할 수 있습니다.

제8장

"위치 기반 기술"을 활용한 소자본 창업

제1절. 기술 개요 및 특성

위치 기반 기술은 사용자의 위치 정보를 수집, 분석 및 활용하여 다양한 서비스와 애플리케이션을 제공하는 기술입니다. 이 기술은 GPS(Global Positioning System)와 같은 위성 기반의 시스템, Wi-Fi 신호, 블루투스, 센서 등을 활용하여 사용자의 현재 위치를 파악하고, 이를 기반으로 다양한 서비스와 기능을 제공합니다.

위치 기반 기술은 우리 주변의 환경과 상호 작용하여 현실 세계를 디지털로 확장하고, 사용자에게 맞춤형 서비스와 경험을 제공하는 데 활용되는 중요한 기술입니다.

위치 기반 기술의 주요 특성은 다음과 같습니다.

첫째, 위치 파악 및 데이터 수집입니다. 위치 기반 기술은 사용자의 현재 위치를 정확하게 파악할 수 있습니다. GPS를 통해 위도, 경도, 고도 정보를 얻거나, Wi-Fi 신호 또는 블루투스 기반의 위치 추적을 통해 사용자의 위치 데이터를 수집하고 분석합니다. 이를 통해 사용자의 행동 패턴, 선호도, 관심사 등을 파악하여 더 나은 서비스를 제공하거나 마케팅 전략을 개발할 수 있습니다.

둘째, 개인화된 다양한 서비스 제공입니다. 위치 기반 기술을 통해 사용자에게 다양한 맞춤형 서비스를 제공할 수 있습니다. 예를 들어, 위치 정보를 기반으로 주변 음식점, 호텔, 상점 등의 정보 제공 또는 추천, 근접한 이벤트 또는 특별 할인 정보 제공, 교통 정보, 길 안내, 날씨 정보 제공 등이 포함될 수 있습니다.

셋째, 광범위한 응용 분야입니다. 위치 기반 기술은 다양한 응용 분야에서 활용됩니다. 이동 서비스(차량 내비게이션, 대중교통 안내), 위치 기반 소셜 미디어(위치 기반 사진 공유, 체크인 서비스), 위치 기반 마케팅, 게임, 안전 및 보안 등 다양한 분야에서 활용될 수 있습니다.

하지만, 위치 기반 기술은 사용자의 개인 정보 보호에 주의해야 합니다. 사용자의 위치 정보는 민감한 개인 정보로 간주되며, 적절한 보안 및 개인 정보 보호 정책을 갖추어야 합니다. 사용자의 동의 없이 위치 정보를 수집하거나 부적절한 용도로 사용하는 것은 사용자의 개인 정보 보호를 침해하는 것일 수 있습니다.

제2절. 수익성 사업 모델

아래에서 위치 기반 기술을 활용한 다양한 사업 모델을 제시해 드리겠습니다. 이 외에도 혁신적인 사업 모델을 개발할 수 있는 무한한 가능성이 있습니다.

1. 위치 기반 가상 투어: 사용자의 위치 정보를 기반으로 명소, 관광지, 부동산 등의 가상 투어를 제공하는 앱을 개발합니다. 사용자는 가까운 장소를 직접 방문하지 않고도 가상으로 탐험할 수 있습니다.

2. 위치 기반 가상 현실 게임: 위치 기반 기술을 활용하여 현실 세계와 가상 세계를 융합한 게임을 개발합니다. 사용자는 현실 세계에서 다양한 임무를 수행하거나 가상 세계에서 현실 세계의 위치에 영향을 주는 경험을 할 수 있습니다.

3. 위치 기반 거래 플랫폼: 사용자의 위치 정보를 활용하여 중고 물품 거래를 돕는 플랫폼을 개발합니다. 가까운 위치에 있는 판매자와 물품을 거래할 수 있습니다.

4. 위치 기반 공공 안전 서비스: 사용자의 위치 정보와 주변의 안전 상태를 파악하여 긴급 상황이 발생할 경우 신속한 도움을 제공하는 공공 안전 서비스를 개발합니다.

5. 위치 기반 공유 경제 플랫폼: 사용자의 위치 정보와 활동 가능한 시간을 고려하여 자동차 공유, 숙박 공유, 물품 대여 등의 서비스를 제공하는 공유 경제 플랫폼을 개발합니다.

6. 위치 기반 광고 플랫폼: 사용자의 위치 정보를 수집하여 광고를 개인화하고, 지역별 광고 타겟팅을 제공하는 플랫폼. 예를 들어, 스마트폰 앱을 통해 사용자가 특정 상점에 가까워지면 할인 쿠폰이 제공됩니다.

7. 위치 기반 실시간 교통 정보: 사용자의 위치 정보와 교통 데이터를 활용하여 실시간 교통 상황을 제공하는 앱을 개발합니다. 이를 통해 사용자는 현재 위치의 교통 혼잡도를 파악하고, 가장 효율적인 경로를 선택할 수 있습니다.

8. 위치 기반 문화 이벤트 가이드: 사용자의 위치 정보를 활용하여 주변의 미술관, 박물관, 공연장 등 문화 예술 시설을 안내해 주는 가이드 앱을 개발합니다.

9. 위치 기반 사회복지 서비스: 위치 기반 기술을 활용하여 주변에 돕고자 하는 사회복지 기관이나 봉사활동을 찾을 수 있는 서비스를 제공합니다.

10. 위치 기반 소비자 리서치: 소비자들의 구매 패턴을 분석하고, 특정 위치에서의 소비 행동을 연구하여 이를 기반으로 마케팅 조언을 제공하여 수익을 창출합니다.

11. 위치 기반 소셜 네트워크 플랫폼: 사용자들의 위치 정보를 공유하고, 주변 사람들과의 소셜 네트워킹을 가능하게 하는 앱 또는 웹 서비스입니다. 사용자들은 주변 사람들과의 교류를 통해 친구를 만들거나 관심사를 공유할 수 있습니다.

12. 위치 기반 쇼핑 알림 서비스: 사용자의 위치 정보와 관심사를 고려하여 가까운 상점의 할인 이벤트나 새로운 제품 출시 정보를 알려 주는 쇼핑 알림 서비스를 제공합니다.

13. 위치 기반 스포츠 앱: 스포츠 관련 정보와 위치 정보를 결합하여 사용자들에게 가까운 운동 시설, 팀 구성원 등을 찾을 수 있는 앱을 제공하고, 광고 수익을 얻습니다.

14. 위치 기반 식물 관리 앱: 사용자의 위치 정보와 기후 데이터를 활용하여 식물을 효율적으로 관리하는 앱을 개발합니다. 이를 통해 사용자는 식물의 관리 일정이나 물 주기 등을 알림 받을 수 있습니다.

15. 위치 기반 실시간 날씨 알림: 사용자의 위치 정보와 기상 데이터를 활용하여 실시간으로 날씨 정보를 제공하는 앱 또는 서비스입니다. 사용자는 특정 위치의 날씨를 파악하여 옷차림이나 여행 계획을 조정할 수 있습니다.

16. 위치 기반 어린이 보호 서비스: 부모들에게 아이들의 위치를 추적하

고 보호하는 서비스를 제공하고, 구독 요금을 수익으로 합니다.

17. 위치 기반 여행 가이드: 여행자의 위치 정보를 활용하여 관광 명소, 레스토랑, 이벤트 등의 정보를 제공하는 앱 또는 웹 서비스입니다. 사용자는 주변의 관광 정보를 쉽게 얻을 수 있고, 추천 경로나 리뷰를 확인할 수 있습니다.

18. 위치 기반 음악 이벤트 알림: 사용자의 위치 정보와 음악 취향을 고려하여 해당 지역에서 열리는 음악 이벤트를 알려 주는 앱을 개발합니다.

19. 위치 기반 장소 추천 앱: 위치 기반 기술을 활용하여 사용자의 위치와 선호도를 고려하여 여행지, 레스토랑, 카페 등을 추천하는 앱을 개발합니다.

20. 위치 기반 주문 및 결제: 위치 정보를 활용하여 사용자가 주문한 제품을 가까운 매장에서 픽업하거나 배송하는 서비스입니다. 사용자는 주문한 제품을 편리하게 수령하고 결제할 수 있습니다.

21. 위치 기반 주문 및 배달 플랫폼: 음식점과의 제휴를 통해 사용자들에게 주문 및 배달 서비스를 제공하고, 수수료를 수익으로 합니다.

22. 위치 기반 주차 관리: 주차 공간의 가용성과 요금 정보를 제공하고, 주차장 운영 업체로부터 수수료를 받아 수익을 창출합니다.

23. 위치 기반 지리적 정보 시각화: 위치 기반 데이터를 활용하여 지리적인 정보를 시각화하는 서비스를 제공합니다. 예를 들어, 지도상에 인구 밀도, 교통 혼잡도 등을 시각적으로 나타내는 서비스를 개발합니다.

24. 위치 기반 출결 관리 시스템: 학교나 회사에서 위치 기반 시스템을 활용하여 학생이나 직원의 출결을 관리하는 시스템을 구축합니다. 예를 들어, 학생이나 직원이 특정 지역에 도착하면 자동으로 출결이 인정되는 시스템을 구현합니다.

25. 위치 기반 취업 매칭: 구직자와 채용 기업을 연결하는 위치 기반 취업 매칭 플랫폼을 운영하고, 기업으로부터 수수료를 받아 수익을 창출합니다.

26. 위치 기반 키즈 앱: 위치 기반 기술을 활용하여 가까운 공원, 도서관, 어린이 놀이터 등을 안내하는 키즈 앱을 개발합니다. 이를 통해 아이들은 가까운 장소에서 즐거운 시간을 보낼 수 있습니다.

27. 위치 기반 택시 호출 서비스: 위치 기반 기술을 활용하여 가까운 택시를 호출하는 서비스를 제공합니다. 사용자는 앱을 통해 위치 정보를 제공하고, 가장 가까운 택시를 호출할 수 있습니다.

28. 위치 기반 편의 시설 예약: 위치 기반 기술을 활용하여 주변의 편의 시설 예약 서비스를 제공하고, 예약 수수료를 수익으로 합니다. 예를 들

어, 헤어 살롱, 마사지, 스파 등을 예약할 수 있습니다.

29. 위치 기반 헬스케어 서비스: 위치 기반 기술을 활용하여 사용자의 건
강 정보를 수집하고, 가까운 의료 기관이나 약국을 추천해 주는 헬스
케어 서비스를 제공합니다.

30. 위치 추적 및 모니터링 솔루션: GPS 기술을 활용하여 차량, 물류 또는
재산의 위치를 추적하고 모니터링하는 솔루션을 제공합니다. 이는 물
류 회사나 보험 회사에 수익을 창출할 수 있습니다.

제9장

"음성 인식 기술"을 활용한 소자본 창업

제1절. 기술 개요 및 특성

음성 인식 기술은 사람의 음성을 컴퓨터가 이해하고 처리할 수 있는 형태로 변환하는 기술입니다. 이를 통해 음성 명령을 인식하고, 음성 데이터를 텍스트로 변환하거나 음성 기반의 제어와 상호 작용을 가능하게 합니다. 음성 인식 기술은 딥 러닝과 기계 학습 알고리즘의 발전으로 많은 발전을 이루었습니다. 최근에는 신경망 모델과 음성 데이터의 대규모 훈련을 통해 정확도와 신뢰성이 크게 향상되었습니다.

음성 인식 기술은 음성 통화, 음성 검색, 음성 비서, 음성 명령 및 제어, 음성 인터페이스 등 다양한 응용 분야에서 사용되고 있습니다.

음성 인식 기술의 주요 특성은 다음과 같습니다.

첫째, 자연어 처리 능력입니다. 음성 인식 기술은 인간의 자연어를 이해하고 처리할 수 있습니다. 따라서 사용자는 일상적인 문장과 단어를 사용하여 컴퓨터와 소통할 수 있습니다. 이러한 음성 인식 기술은 개인의 음성 특징을 학습하여 개인에 맞는 응답을 제공할 수 있습니다. 이를 통해 사용자 경험을 개인화하고 향상시킬 수 있습니다.

둘째, 다양한 언어 지원입니다. 음성 인식 기술은 다양한 언어를 지원합니다. 이는 국제적인 응용 분야에서 특히 유용하며, 다국어 환경에서 음성 명령을 처리할 수 있습니다.

셋째, 실시간 처리 능력입니다. 음성 인식 기술은 실시간으로 음성을 처리할 수 있습니다. 이는 음성 명령을 즉시 인식하고 응답하는 데 유용합니다.

넷째, 음성-텍스트 변환입니다. 음성 신호가 처리되고 언어 모델이 적용된 후, 음성 인식 시스템은 음성을 텍스트로 변환합니다. 변환된 텍스트는 명령어로 해석되어 컴퓨터 시스템에 전달됩니다. 이 변환된 텍스트는 컴퓨터가 이해하고 처리할 수 있는 형태로 사용됩니다.

다섯째, 음향 모델링입니다. 음성 신호는 일련의 음향적 특징으로 표현됩니다. 음성 인식 시스템은 이러한 특징을 추출하고 음향 모델을 생성하여 음성을 다른 단어나 구절과 구분할 수 있습니다.

제2절. 수익성 사업 모델

아래에서 음성 인식 기술을 활용하여 수익성을 높일 수 있는 사업 모델을 제시해 드리겠습니다. 이는 음성 인식 기술을 활용한 사업 모델 중 일부에 불과하며, 새로운 기술과 창의적인 아이디어에 따라 더 다양한 사업 모델이 가능합니다.

1. 음성 기반 AI 비서: 음성 명령을 통해 일정 관리, 이메일 전송, 메모 작성 등 다양한 업무를 처리하는 AI 비서를 개발하고 판매합니다.

2. 음성 기반 AI 음악 작곡: 음성 명령으로 사용자의 감정이나 분위기에 맞는 음악을 자동으로 작곡하는 서비스를 개발합니다.

3. 음성 기반 가상 상담사: 음성으로 사용자의 감정을 이해하고 상담하는 가상 상담사를 구현합니다.

4. 음성 기반 가상 여행 가이드: 음성 가이드가 사용자를 역사적인 장소나 유명한 관광 명소를 돌아다니며 설명해 주는 가상 여행 서비스를 개발합니다.

5. 음성 기반 가상 현실 경험: 음성 명령을 통해 가상 현실 게임이나 시뮬레이션을 제어하는 서비스를 제공합니다.

6. 음성 기반 건강 및 피트니스: 음성 명령으로 운동 루틴을 설정하거나 건강 정보를 얻을 수 있는 앱을 개발합니다.

7. 음성 기반 게임 컨트롤: 음성 인식을 통해 게임 캐릭터를 조작하는 기능을 갖춘 게임 앱을 개발합니다.

8. 음성 기반 광고 플랫폼: 음성 광고를 제공하고 광고주와 광고 수익을 공유하는 플랫폼을 운영합니다.

9. 음성 기반 교육 플랫폼: 음성 인식을 활용하여 학습자가 학습 컨텐츠에 대해 질문하고 설명을 듣는 형태의 교육 플랫폼을 개발합니다.

10. 음성 기반 농작물 관리 시스템: 농부들이 음성으로 농작물 정보를 확인하고 관리할 수 있는 시스템을 구축합니다.

11. 음성 기반 뉴스 앱: 음성으로 뉴스 기사를 요약하고 사용자에게 음성으로 제공하는 뉴스 앱을 개발합니다.

12. 음성 기반 도서관 서비스: 도서관 이용자들이 음성 명령으로 도서를 검색하고 대여하는 서비스를 제공합니다.

13. 음성 기반 문서 작성 및 편집: 음성 명령을 통해 문서를 작성하고 편집하는 도구를 개발하여 사무실에서 사용됩니다.

14. 음성 기반 문학 오디오북: 소설이나 에세이를 음성으로 녹음하여 청취할 수 있는 문학 오디오북 서비스를 제공합니다.

15. 음성 기반 미디어 스트리밍: 음성 명령을 통해 음악, 오디오 북, 팟캐스트 등 다양한 미디어 콘텐츠를 스트리밍하는 서비스를 제공합니다.

16. 음성 기반 번역 서비스: 다국어 간 의사소통을 돕기 위해 음성 번역 서비스를 제공합니다.

17. 음성 기반 보안 시스템: 음성 인식을 통해 신원을 확인하고 출입 제어 및 보안 시스템을 운영하는 서비스를 제공합니다.

18. 음성 기반 시각장애인 지원 서비스: 시각 장애인을 위해 음성 인식 기술로 일상생활을 지원하는 서비스를 제공합니다.

19. 음성 기반 블록체인 인증 시스템: 음성 인식을 통해 블록체인 기반의 안전한 신원 인증 시스템을 개발하고 기업들에 제공합니다.

20. 음성 기반 스마트 홈 시스템: 가정용 스마트 홈 시스템에서 음성 명령으로 조명, 온도, 보안 시스템 등을 제어하는 플랫폼을 구현합니다.

21. 음성 기반 사진 앨범 정리: 음성 인식 기술을 활용하여 사진을 자동으로 정리하고 분류하는 앨범 관리 애플리케이션을 개발합니다.

22. 음성 기반 소셜 네트워크 플랫폼: 음성 메시지를 통해 사용자들이 소통하고 정보를 공유하는 소셜 네트워크 플랫폼을 운영합니다.

23. 음성 기반 쇼핑 도우미: 음성 명령으로 상품을 검색하고 구매하는 쇼핑 도우미 앱 또는 기기 등을 개발합니다.

24. 음성 기반 스포츠 코칭: 음성 인식을 활용하여 운동 및 스포츠 코칭을 제공하는 서비스입니다.

25. 음성 기반 심리 상담: 음성 인식 기술을 활용하여 정서적 지원을 제공하는 온라인 상담 플랫폼을 제공합니다.

26. 음성 기반 어르신 돌봄 서비스: 어르신들을 돌보기 위해 음성 인식 기술을 활용하는 스마트 돌봄 솔루션을 제공합니다.

27. 음성 기반 어린이 교육: 어린이를 위한 학습 콘텐츠를 제공하고 음성으로 상호 작용하는 교육 플랫폼을 제공합니다.

28. 음성 기반 언어 검색 엔진: 웹 검색 결과를 음성으로 확인하고 상세 정보를 듣는 기능을 갖춘 검색 엔진을 개발합니다.

29. 음성 기반 언어 교정 서비스: 외국어 학습자들에게 음성 기반으로 문법 및 발음을 교정하는 서비스를 제공합니다.

30. 음성 기반 언어 번역 서비스: 음성 명령을 통해 다양한 언어로 번역하는 서비스를 제공합니다.

31. 음성 기반 여행 가이드: 여행 일정을 음성으로 입력하고 추천 명소 및 여행 팁을 음성으로 받을 수 있는 여행 가이드 앱을 개발합니다.

32. 음성 기반 영화 및 TV 드라마 자막: 영화나 TV 드라마에서 음성 인식을 활용하여 실시간으로 자막을 생성하여 제공하는 서비스를 제공합니다.

33. 음성 기반 음식 주문 및 배달 서비스: 음성 명령으로 음식을 주문하고 배달 받을 수 있는 음식 배달 플랫폼을 구축합니다.

34. 음성 기반 음식점 예약 시스템: 음성으로 예약을 받고 관리하는 음식점 예약 시스템을 구축하여 음식점들에 판매합니다.

35. 음성 기반 음악 생성 알고리즘: 음성 데이터를 기반으로 음악을 자동으로 생성하는 알고리즘을 개발하고 음악 제작자들에게 판매합니다.

36. 음성 기반 음악 스트리밍 서비스: 음성 명령으로 원하는 음악을 검색하고 재생하는 음성 기반의 음악 스트리밍 서비스를 제공합니다.

37. 음성 기반 의료 기록 시스템: 의사와 간호사가 음성으로 환자 정보를

입력하고 업데이트하는 의료 기록 시스템을 개발하여 의료 현장에서 사용합니다.

38. 음성 기반 자동차 내비게이션: 음성 인식을 통해 목적지를 설정하고, 경로 안내와 교통 정보를 제공하는 자동차 내비게이션 시스템을 개발합니다.

39. 음성 기반 자동차 제어: 운전자들이 음성 명령으로 차량의 기능을 조작할 수 있는 자동차 음성 제어 시스템을 개발합니다.

40. 음성 기반 장애인 보조 기기: 시각 장애인이 음성 명령을 통해 환경을 제어하고 정보에 접근할 수 있는 보조 기기를 개발합니다.

41. 음성 기반 전문 지식 서비스: 전문 분야의 질문에 대해 음성 인식을 통해 답변을 제공하는 전문 지식 플랫폼을 제공합니다.

42. 음성 기반 쇼핑 플랫폼: 음성 명령을 통해 상품을 검색하고 구매하는 커머스 플랫폼을 운영합니다.

43. 음성 기반 택배 추적 시스템: 음성 명령을 통해 택배 배송 상태를 확인하고 추적하는 시스템을 개발하여 물류 회사에 판매합니다.

44. 음성 기반 헬스케어 서비스: 음성으로 건강 정보를 입력하고 의사와

상담하며 건강 관리를 지원하는 헬스케어 서비스를 제공합니다.

45. 음성 기반 환경 모니터링 시스템: 음성 명령을 통해 환경 데이터를 수집하고 분석하는 모니터링 시스템을 제공합니다.

46. 음성 기반 환자 관리 시스템: 의료 기관에서 환자의 건강 정보와 진료 기록을 음성으로 관리하는 시스템을 구축합니다.

47. 음성 비서 서비스: 음성 인식 기술을 활용하여 개인 일정 관리와 할 일 목록을 음성으로 입력하고 앱이 알림을 주는 기능을 제공합니다.

48. 음성 텍스트 변환 서비스: 회의록, 인터뷰, 강의 등의 음성 데이터를 자동으로 텍스트로 변환하는 서비스를 제공합니다.

제10장

"인공 지능 기술"을 활용한 소자본 창업

제1절. 기술 개요 및 특성

  인공 지능(AI) 기술은 컴퓨터 시스템에 의해 인간의 지능적인 작업을 수행하고 모사하는 기술로서 컴퓨터 프로그램이나 시스템을 말합니다. 인공 지능은 다양한 분야에서 적용되며, 기계 학습, 딥 러닝, 컴퓨터 비전, 자연어 처리, 자동화, 패턴 인식, 의사 결정 등 다양한 작업을 수행할 수 있습니다. 이러한 인공 지능 기술은 다양한 분야에서 혁신과 발전을 이끌고 있으며, 사회, 경제, 의료, 교육 등 다양한 산업과 생활 영역에 큰 영향을 미치고 있습니다.

  인공 지능의 주요 특성은 다음과 같습니다.

  첫째, 기계 학습(Machine Learning)입니다. 기계 학습은 컴퓨터 시스템이 데이터를 분석하고 패턴을 학습하여 인식하고 예측하는 능력을 갖게 하는 기술입니다. 이를 통해 인공 지능은 사람이 명시적으로 프로그래밍하지 않은 상황에서도, 자동으로 데이터를 학습하고 경험을 쌓음으로

써 이러한 반복된 학습 과정을 통해 새로운 상황에 대처하고 문제를 해결하는 능력을 갖출 수 있습니다.

둘째, 딥 러닝(Deep Learning)입니다. 딥 러닝은 인공신경망을 사용하여 다양한 계층으로 구성된 모델을 훈련시켜 복잡한 패턴과 추상적인 표현을 학습하는 기계 학습의 한 분야입니다. 딥 러닝은 컴퓨터 비전, 음성 인식, 자연어 처리 등 다양한 영역에서 뛰어난 성과를 보여 주고 있습니다.

셋째, 컴퓨터 비전(Computer Vision)입니다. 컴퓨터 비전은 기계가 이미지와 비디오를 이해하고 처리하는 기술을 말합니다. 얼굴 인식, 물체 감지, 자율 주행차와 같은 기술에 활용됩니다.

넷째, 자연어 처리입니다. 자연어 처리는 인공 지능 시스템이 인간의 언어를 이해하고 처리하는 기술을 의미합니다. 이를 통해 기계는 텍스트 데이터를 분석, 번역, 요약하고, 질의응답 시스템과 같은 인간과 자연스러운 대화를 할 수 있습니다. 자연어 처리 기술은 기계 번역, 질의응답 시스템, 챗봇 등에 사용되며, 인간과 기계 간의 원활한 커뮤니케이션을 가능하게 합니다.

다섯째, 자동화입니다. 인공 지능은 룰 기반 시스템 대신 데이터와 패턴을 기반으로 작업을 자동화할 수 있습니다. 인간의 개입 없이 작업을 수행할 수 있으며, 반복적이고 번거로운 작업을 효율적으로 처리할 수 있습니다.

여섯째, 패턴 인식 및 추론입니다. 인공 지능은 이미지, 음성, 텍스트 등 다양한 형태의 데이터를 분석하여 패턴을 추출하고 통계적인 규칙을 식별하고 인식할 수 있습니다. 이러한 데이터와 패턴 분석을 통해 미래의 사건을 예측하고 추론할 수도 있습니다. 이를 통해 예측 모델, 추천 시스템, 데이터 마이닝 등 다양한 분야에서 활용되고 있습니다.

제2절. 수익성 사업 모델

아래에서 인공 지능 기술을 활용한 다양한 수익성 있는 사업 모델을 예시해드리겠습니다. 이러한 사업 모델들은 인공 지능 기술의 발전으로 더욱더 혁신적이고 다양한 분야에서 적용 가능성이 높아지고 있습니다.

1. AI 기반 음성 합성: 사람의 목소리를 모방하는 인공 지능 기반 음성 합성 기술을 개발하여 음성 녹음 등에 활용할 수 있습니다.

2. AI 기반 VR 교육: 가상 현실 환경에서 학습하는 교육 콘텐츠를 제공하는 AI 기반 교육 서비스를 제공합니다.

3. AI 기반 VR/AR 콘텐츠 생성: 가상 현실과 증강 현실 콘텐츠를 AI가 자동으로 생성하는 서비스를 제공합니다.

4. AI 기반 가격 예측: 소매업체들이 제품 가격을 예측하여 최적의 가격을 설정하도록 돕습니다.

5. AI 기반 가상 상점 경험: 가상 현실과 인공 지능을 활용하여 가상 상점에서 제품을 체험하고 구매할 수 있도록 합니다.

6. AI 기반 가상 시차 라이브 스트리밍: 스포츠 경기나 콘서트 등에서 인공 지능 기술을 활용하여 시차 없는 실시간 라이브 스트리밍 서비스를

제공합니다.

7. AI 기반 개인 비서 서비스: 인공 지능을 활용하여 일정 관리, 이메일 관리, 정보 검색 등을 지원하는 개인 비서 서비스를 제공합니다.

8. AI 기반 건강 추적 애플리케이션: 개인의 건강 데이터를 수집하여 건강 상태를 분석하고 개선 방안을 제시하는 애플리케이션을 개발합니다.

9. AI 기반 게임 개발: 인공 지능 기술을 활용하여 현실적이고 지능적인 가상 캐릭터를 만들어 내는 게임을 개발합니다.

10. AI 기반 공공 안전 감시: 인공 지능을 활용하여 도시의 범죄 예방과 사고 감지를 지원하는 공공 안전 감시 시스템을 제공합니다.

11. AI 기반 공급망 최적화: 수요 예측, 재고 관리, 물류 최적화 등을 통해 공급망 효율성을 향상시키는 AI 솔루션을 제공합니다.

12. AI 기반 광고 타겟팅 플랫폼: 광고주들에게 정확한 대상 고객을 식별하고 타겟팅하여 효율적인 광고 투자를 돕습니다.

13. AI 기반 교육 플랫폼: 학생의 학습 습관과 능력을 분석하여 맞춤형 교육 자료를 제공하는 AI 학습 플랫폼을 제공합니다.

14. AI 기반 금융 예측 및 투자: 금융 데이터와 인공 지능을 결합하여 주식, 채권, 암호화폐 등 금융 시장의 변동성과 투자 가능성을 예측하여 투자 자문을 제공하는 인공 지능 플랫폼을 제공합니다.

15. AI 기반 금융 자산 관리: 개인의 금융 상태와 목표를 분석하여 투자 조언과 자산 관리를 지원하는 AI 기반 자산 관리 서비스를 제공합니다.

16. AI 기반 농업 관리: 농작물 상태를 감지하고 농작물의 효율적인 관리를 도와주는 스마트 농업 솔루션을 제공합니다.

17. AI 기반 대화형 교육 콘텐츠: AI 챗봇이 학습자와 상호 작용하며 맞춤형 학습 콘텐츠를 제공합니다.

18. AI 기반 디지털 마케팅: 광고 캠페인의 효율성을 높이기 위해 소비자 행동을 예측하고 특정 고객층에게 맞춤형 광고를 제공하는 서비스를 제공합니다.

19. AI 기반 로봇 법률 자문: 인공 지능 로봇을 활용하여 변호사와 상담 없이 법률 문제에 대한 자문을 제공하는 서비스를 운영합니다.

20. AI 기반 리뷰 필터링: 인공 지능이 부적절한 리뷰나 콘텐츠를 필터링하여 사용자들의 경험을 개선합니다.

21. AI 기반 무인 소매점: 인공 지능과 자동화 기술을 활용하여 무인 소매점을 운영합니다. 고객은 제품을 선택하고 결제를 AI 터미널에서 처리할 수 있습니다.

22. AI 기반 문서 자동 분류: 기업이나 기관에서 발생하는 다량의 문서를 자동으로 분류하고 정리하는 서비스를 제공합니다.

23. AI 기반 보안 감시 시스템: 인공 지능 기반 CCTV 시스템을 활용하여 사람, 동물, 이상 행동 등을 감지하여 보안을 강화합니다.

24. AI 기반 보험 평가: 보험 청구 및 보상 처리를 자동화하고 사기 여부를 감지하는 보험 평가 솔루션을 제공합니다.

25. AI 기반 부동산 시장 예측: 부동산 시장 동향을 분석하여 투자자들에게 예측과 정보를 제공합니다.

26. AI 기반 상품 추천 시스템: 온라인 쇼핑몰이나 스트리밍 플랫폼에서 고객의 선호도와 구매 기록을 분석하여 맞춤 상품을 추천하는 서비스를 제공합니다.

27. AI 기반 소셜 미디어 마케팅: 소셜 미디어 캠페인의 성과를 분석하고 최적화하는 서비스를 제공합니다.

28. AI 기반 스마트 시티 관리: 도시의 교통, 에너지, 인프라 등을 최적화하고 효율적으로 관리하는 스마트 시티 플랫폼을 제공합니다.

29. AI 기반 스마트 헬멧: 스마트 헬멧 내장 인공 지능이 사고를 감지하고 사용자의 안전을 보장하는 기능을 제공합니다.

30. AI 기반 스마트 홈 기술: 인공 지능을 활용하여 가정 내 모든 기기를 연결하고 자동화하는 스마트 홈 플랫폼을 개발합니다.

31. AI 기반 스포츠 분석: 스포츠 경기 데이터를 분석하여 감독과 선수들에게 전략적 통찰을 제공합니다.

32. AI 기반 시장 예측 및 트렌드 분석: 소셜 미디어 및 인터넷 트렌드를 분석하여 기업들이 제품과 마케팅 전략을 개선할 수 있는 트렌드 예측 플랫폼을 구축합니다.

33. AI 기반 신용 스코어링: 대출 신청자들의 신용 위험을 예측하고 대출 승인 결정을 지원합니다.

34. AI 기반 실시간 번역: 회의, 이벤트 등에서 실시간으로 다양한 언어로 자막 번역을 제공하는 AI 플랫폼을 제공합니다.

35. AI 기반 어린이 교육 로봇: 언어, 수학, 과학 등을 가르치는 교육용 로

봇을 개발하여 어린이 교육 시장에 진출합니다.

36. AI 기반 언어 교육 플랫폼: AI 언어 학습 시스템을 통해 사용자가 외국
    어를 효과적으로 습득할 수 있는 교육 플랫폼을 구축합니다.

37. AI 기반 얼굴 인식 솔루션: 얼굴 인식 기술을 활용하여 보안 및 신분
    확인 서비스를 제공합니다.

38. AI 기반 예방 의료: 환자의 건강 상태를 모니터링하고 조기에 질병을
    예방하거나 관리하는 의료 서비스를 제공합니다.

39. AI 기반 온라인 광고 플랫폼: 사용자 프로필과 행동을 기반으로 개인
    맞춤형 광고를 제공하는 AI 광고 플랫폼을 개발하여 광고 수익을 얻
    습니다.

40. AI 기반 운송 로봇: 인공 지능을 탑재한 운송 로봇을 사용하여 물류 및
    배송 프로세스를 자동화하여 비용을 절감하고 효율성을 높입니다.

41. AI 기반 음악 작곡: 인공 지능을 활용하여 감정, 분위기, 장르에 맞는
    음악을 작곡하는 서비스를 제공합니다.

42. AI 기반 의료 진단 지원: 의료 영상 데이터를 분석하여 질병 및 조직
    이상을 검출하고 의료진에게 진단을 지원하는 "의료 AI 진단" 서비스

를 구축합니다.

43. AI 기반 상담 서비스: 자연어 처리를 통해 사용자들과 상호 작용하며 조언과 안내를 제공하는 가상 상담원을 운영합니다.

44. AI 기반 인플루언서 마케팅: 인공 지능을 활용하여 인플루언서들의 성과를 분석하고 효과적인 마케팅 전략을 제시합니다.

45. AI 기반 자동 문서 작성: 사용자의 입력에 따라 자동으로 문서를 작성하는 인공 지능 서비스를 제공합니다.

46. AI 기반 자동 번역: 다국어 간 번역 서비스를 제공하여 글로벌 비즈니스 커뮤니케이션을 지원합니다.

47. AI 기반 자동화 시스템: 기업들의 업무를 자동화하여 생산성을 향상시키고 비용을 절감하는 모델입니다. 예를 들어, 로봇 프로세스 자동화 솔루션 등이 있습니다.

48. AI 기반 자율 주행 배송 서비스: 드론이나 자율차를 활용하여 물류와 배송 업무를 자동화하여 효율성을 극대화합니다.

49. AI 기반 자율 주행 차량 기술: 인공 지능과 자동차 기술을 결합하여 운전자 없이 자율적으로 운행하는 자동차 서비스를 제공합니다.

50. AI 기반 제조 공정 최적화: 인공 지능을 활용하여 제조 공정을 최적화하고 자동화하여 생산성과 효율성을 향상시키는 서비스를 제공합니다.

51. AI 기반 지능형 로봇: 로봇 기술과 인공 지능 기술을 결합하여 가정용, 공업용 등 다양한 분야에 활용되는 지능형 로봇을 개발합니다.

52. AI 기반 챗봇: 인공 지능 챗봇을 통해 고객 문의를 처리하고, 문제 해결을 지원하는 "AI 고객 지원" 서비스를 제공합니다.

53. AI 기반 추천 시스템: 고객의 선호도와 행동 기반으로 상품, 음악, 도서 등을 추천하는 "AI 추천 엔진"을 개발하여 매출을 증대합니다.

54. AI 기반 맞춤 의류 제조: 개인의 체형과 취향을 분석하여 맞춤형 의류를 생산하는 AI 기술을 활용한 의류 제조 사업입니다.

55. AI 기반 헬스케어 앱: 사용자의 건강 데이터를 수집하고, 인공 지능 분석을 통해 건강 상태를 모니터링하고 조언을 제공하는 헬스케어 앱을 제작합니다. 또한, 개인의 건강 상태와 취향에 맞는 맞춤형 건강 및 라이프스타일 추천 서비스를 제공합니다.

제11장

"인터넷 기반 기술"을 활용한 소자본 창업

제1절. 기술 개요 및 특성

인터넷 기반 기술(Internet-based technology)은 인터넷을 기반으로 개발되고 동작하는 기술들을 의미합니다. 인터넷은 전 세계적으로 컴퓨터 네트워크를 연결하는 거대한 네트워크로, 인터넷을 통해 컴퓨터와 기기들이 상호 연결되고 정보를 교환하고 통신할 수 있게 됩니다. 이러한 인터넷 환경에서 사용되는 기술들이 인터넷 기반 기술입니다. 인터넷은 현대 사회에서 가장 중요한 정보 및 통신 인프라로, 인터넷을 활용한 기술들은 우리의 일상생활과 사회, 경제, 문화 등의 모든 측면에 큰 영향을 미치고 있습니다.

인터넷 기반 기술의 주요 특성은 다음과 같습니다.

첫째, 연결성과 접근성입니다. 인터넷 기반 기술은 다양한 기기들이 인터넷을 통해 서로 연결되어 정보를 주고받을 수 있습니다. 이는 전 세계적인 컴퓨터 네트워크의 특성으로, 지리적인 제약 없이 사람들과 기기들이 상호 작용할 수 있도록 합니다. 또한 인터넷은 전 세계적으로 거의 모든 장소에서 접근할 수 있으며, 모바일 기기를 통해 이동 중에도 시간과 장소에 제약 받지 않고 정보에 접근할 수 있습니다.

둘째, 개방성과 유연성입니다. 인터넷 기반 기술은 오픈 플랫폼과 표준 기술을 기반으로 하며, 다양한 시스템과 장치들과 호환될 수 있습니다. 또한, 인터넷은 국경을 뛰어넘는 글로벌한 특성을 가지고 있습니다. 이로 인해 인터넷 기반 기술은 전 세계적으로 사용될 수 있으며, 다양한 문화와 언어로 다양한 사용자들에게 새로운 서비스와 애플리케이션을 개발하여 제공할 수 있습니다.

셋째, 대량 정보 처리입니다. 인터넷을 통해 수많은 정보를 빠르게 처리하고 저장할 수 있습니다. 클라우드 컴퓨팅과 데이터베이스 기술을 활용하여 대규모 데이터를 효율적으로 관리할 수 있습니다.

넷째, 다양한 온라인 서비스와 애플리케이션입니다. 인터넷 기반 기술은 다양한 온라인 서비스와 애플리케이션을 가능하게 합니다. 전자메일, 소셜 미디어, 온라인 쇼핑, 클라우드 서비스, 비디오 콜 등이 인터넷 기반 기술의 예시입니다.

다섯째, 정보 교류와 공유입니다. 인터넷은 대량의 정보가 저장된 웹사이트와 서비스들을 제공합니다. 인터넷 기반 기술은 이러한 정보들을 사용자들이 접근하고 검색하여 교류하고 공유할 수 있도록 합니다. 이를 통해 정보 접근성과 지식 공유가 확장됩니다.

제2절. 수익성 사업 모델

아래에서 인터넷 기반 기술을 활용한 수익성 있는 사업 모델을 예시해 드리겠습니다. 이러한 사업 모델들은 인터넷의 발전과 함께 계속 개발되고 있습니다.

1. 웹사이트 및 앱 디자인: 기업이나 개인을 위해 웹사이트와 앱 디자인을 제공하는 서비스입니다.

2. 인터넷 기반 건강 관리 서비스: 온라인 상담, 건강 모니터링 앱 및 웨어러블 기기를 통해 개인의 건강 상태를 관리합니다.

3. 인터넷 기반 미디어: 온라인 뉴스, 매거진, 블로그 등을 운영하여 광고 수익을 창출하는 모델입니다.

4. 인터넷 기반 여행 및 여가 활동 예약: 티켓 예약, 여행 패키지 등을 제공하는 사업 모델입니다.

5. 인터넷 기반의 피트니스 앱: 건강 및 피트니스 정보, 운동 프로그램 등을 제공하는 모바일 애플리케이션을 통해 수익을 창출하는 모델입니다.

6. 인터넷 기반의 건설 및 부동산 서비스: 부동산 거래 정보 제공 및 건설 프로젝트 관리 서비스 제공하는 사업 모델입니다.

7. 인터넷 기반의 게임 개발 및 배급: 온라인 게임을 개발하고 배급하여 수익을 얻는 모델입니다.

8. 인터넷 기반의 광고 네트워크: 광고주와 광고 플랫폼을 연결하여 광고 노출에 대한 수익을 얻는 모델입니다.

9. 인터넷 기반의 구독 서비스: 인터넷을 통해 멤버십 또는 구독을 제공하는 모델입니다. Netflix는 온라인 비디오 스트리밍 서비스를 제공하여 월 회비로 수익을 창출하는 대표적인 사례입니다.

10. 인터넷 기반의 일자리 서비스: 프리랜서나 자영업자들이 프로젝트를 찾고 수행할 수 있는 온라인 플랫폼을 운영합니다.

11. 인터넷 기반의 데이터 분석 및 인텔리전스: 데이터 분석 및 인공 지능 기술을 활용하여 기업과 조직에 데이터 인텔리전스를 제공하는 사업 모델입니다.

12. 인터넷 기반의 디지털 마케팅 에이전시: 기업들의 디지털 마케팅을 전문적으로 지원하는 에이전시 사업 모델입니다.

13. 인터넷 기반의 먹거리 배달: 음식 배달 서비스를 제공하여 수익을 창출하는 사업 모델입니다. 예: 배달의 민족

14. 인터넷 기반의 물류 및 배송 서비스: 온라인 주문에 대한 빠른 배송 서비스를 제공하는 사업 모델입니다.

15. 인터넷 기반의 미디어 스트리밍: 영화, 드라마, TV 프로그램 등을 인터넷을 통해 스트리밍하여 사용자에게 제공합니다.

16. 인터넷 기반의 사회적 기부 플랫폼: 인터넷을 통해 기부를 유도하고 기부금을 관리하는 사업 모델입니다.

17. 인터넷 기반의 소셜 거래 플랫폼: 사용자들이 서로 상품을 판매하고 구매할 수 있는 플랫폼을 제공합니다.

18. 인터넷 기반의 소셜 미디어 광고: 소셜 미디어 플랫폼에서 광고를 통해 수익을 창출하는 모델입니다.

19. 인터넷 기반의 소셜 미디어 마케팅 컨설팅: 기업이 소셜 미디어를 효과적으로 활용하기 위해 컨설팅을 제공하는 서비스입니다.

20. 인터넷 기반의 소셜 커머스: 소셜 미디어 플랫폼과 이커머스를 결합하여 상품 판매 및 마케팅을 하는 모델입니다.

21. 인터넷 기반의 스포츠 스트리밍: 스포츠 경기를 인터넷을 통해 실시간으로 스트리밍하는 서비스를 제공합니다.

22. 인터넷 기반의 신문 및 언론: 온라인 뉴스 플랫폼을 통해 기사 및 콘텐츠를 제공합니다.

23. 인터넷 기반의 여행 및 관광: 온라인으로 항공편, 숙박, 여행 상품 등을 판매하고 관광 정보와 가이드를 제공합니다.

24. 인터넷 기반의 예약 및 예약 관리 시스템: 호텔, 항공편, 레스토랑 등을 위한 예약 서비스를 제공하는 플랫폼입니다.

25. 인터넷 기반의 온라인 거래 중개 서비스: 구매자와 판매자를 연결하고 거래를 중개하는 플랫폼입니다.

26. 인터넷 기반의 온라인 법률 컨설팅: 인터넷을 통해 법률 상담 및 컨설팅을 제공하는 서비스입니다.

27. 인터넷 기반의 온라인 시장 연구 및 조사: 온라인을 통해 시장 조사 및 데이터를 수집하여 분석하는 서비스를 제공하여 수익을 창출 하는 모델입니다.

28. 인터넷 기반의 원격 교육 및 워크샵: 온라인으로 원격 교육과 워크샵을 제공하는 플랫폼입니다.

29. 인터넷 기반의 웹 호스팅 및 도메인 등록: 웹사이트 운영을 위해 호스

팅과 도메인 등록을 제공하는 서비스 사업 모델입니다.

30. 인터넷 기반의 음식 조리 및 레시피 플랫폼: 요리 레시피를 제공하고 음식 조리에 관한 정보를 제공하는 플랫폼을 운영합니다.

31. 인터넷 기반의 음악 및 영상 스트리밍: 음악과 동영상 스트리밍 서비스를 제공하여 광고 또는 구독료로 수익을 창출합니다.

32. 인터넷 기반의 의료 서비스: 원격 진료, 의료 정보 제공 등을 통해 의료 서비스를 제공하는 사업 모델입니다.

33. 인터넷 기반의 인플루언서 마케팅: 인플루언서들을 활용하여 제품 또는 브랜드를 홍보하고 수익을 창출하는 모델입니다. 예를 들어, 인스타그램이나 유튜브에서 인기 있는 인플루언서들이 스폰서 컨텐츠를 제공하는 것입니다.

34. 인터넷 기반의 자동차 공유 플랫폼: 사용자들이 인터넷을 통해 자동차를 공유하고 대여할 수 있는 플랫폼을 운영합니다.

35. 인터넷 기반의 전자 상거래 플랫폼: 인터넷을 통해 상품과 서비스를 판매하고 구매하는 플랫폼을 제공하는 사업 모델입니다.

36. 인터넷 기반의 콘텐츠 제작 및 판매: 웹사이트, 블로그, 유튜브 등에서

콘텐츠를 제작하고 광고 또는 후원으로 수익을 창출하는 사업 모델입니다.

37. 인터넷 기반의 3D 프린팅 서비스: 3D 프린터를 활용하여 제품을 제작 및 판매하는 사업 모델입니다.

38. 인터넷 뉴스 및 블로그 매체: 온라인 뉴스와 블로그를 통해 광고 수익을 창출하는 사업 모델입니다.

39. 인터넷 마케팅 에이전시: 기업의 디지털 마케팅 전략을 구축하고 운영하는 에이전시 사업 모델입니다.

40. 인터넷 엔터테인먼트 서비스: 온라인 게임, 가상 현실 체험 등의 서비스를 제공하는 플랫폼을 운영하는 사업 모델입니다.

제12장

"클라우드 기반 기술"을 활용한 소자본 창업

제1절. 기술 개요 및 특성

클라우드 기반 기술은 컴퓨팅, 스토리지, 네트워킹 등 다양한 IT 리소스를 인터넷을 통해 제공하고 사용자가 필요한 만큼 확장 가능한 서비스를 제공하는 기술입니다. 이는 데이터, 서버, 네트워크, 소프트웨어 등을 물리적인 위치와 상관없이 인터넷을 통해 On-Demand로 제공하는 방식으로 작동합니다. 이러한 서비스는 클라우드 서비스 제공 업체에 의해 관리되며, 사용자는 인터넷을 통해 원격으로 접속하여 필요한 리소스를 이용할 수 있습니다. 클라우드 기반 기술은 기업과 개인 모두에게 다양한 형태의 서비스를 제공하며, 초기 투자 비용을 줄이고 전문 기술과 인프라를 보유하지 않은 사용자도 저렴하게 고급 기술에 접근할 수 있는 기회를 제공합니다.

클라우드 기반 기술의 주요 특성은 다음과 같습니다.

첫째, 네트워크 접근성입니다. 클라우드 기반 기술은 지리적으로 분산된 데이터 센터를 활용하므로 사용자는 전 세계 어디서든 동일한 서비스에 접근할 수 있습니다. 인터넷을 통해 언제 어디서든 접근 가능한 서비스로, 데이터와 애플리케이션은 물리적 장소에 구속되지 않고, 네트워크를 통해 언제 어디서든 접근할 수 있습니다.

둘째, 리소스 풀링(Resource Pooling)입니다. 클라우드 서비스 제공 업체는 여러 사용자를 위해 물리적 및 가상화된 리소스를 풀링하여 관리합니다. 이로 인해 리소스의 효율성과 확장성이 증가하며, 사용자는 이러한 리소스를 필요에 따라 할당 받습니다.

셋째, On-demand 셀프 서비스입니다. 사용자는 서비스 제공 업체의 도움 없이 필요한 리소스를 즉시 사용할 수 있습니다. 가상화 기술과 자동화를 통해 서비스 요청, 프로비저닝(Provisioning), 조정 등을 간편하게 처리할 수 있습니다. 여기서 프로비저닝은 사용자의 요구에 맞게 시스템 자원을 할당, 배치, 배포해 두었다가 필요시 시스템을 즉시 사용할 수 있는 상태로 미리 준비해 두는 것을 말합니다.

넷째, 서비스 모델 다양성입니다. 클라우드 기반 기술은 서비스 모델에 따라 다양한 형태가 존재합니다. 가장 널리 알려진 것은 IaaS(Infrastructure as a Service), PaaS(Platform as a Service), SaaS(Software as a Service)입니다. 각각의 모델은 사용자에게 다른 수준의 컨트롤과 관리 권한을 제공합니다. 또한, 사용자의 요구에 따라 자동으로 리소스를 확장하거나 축소하여 유동적으로 대응할 수 있습니다.

다섯째, 데이터 중심의 접근입니다. 클라우드 기반 기술은 데이터를 중심으로 구축되어 있습니다. 데이터를 저장, 처리, 분석하고 필요한 시간에 즉시 액세스할 수 있도록 해 주는 데 초점을 둡니다. 또한 클라우드 서비스는 자원 사용량에 따라 측정 가능한 요금을 부과함으로써, 사용량에 맞게 비용을 지불하게 됩니다.

제2절. 수익성 사업 모델

아래에서 클라우드 기반 기술을 활용한 사업 모델을 간단한 설명과 함께 예시하고자 합니다. 이러한 예시들은 클라우드 기술을 다양한 산업과 분야에 적용하여 새로운 비즈니스 기회를 창출하는 방법을 보여 주고 있습니다.

1. 소프트웨어 as a Service(SaaS): 소프트웨어를 클라우드에서 서비스 형태로 제공하여 사용자들이 구독으로 사용할 수 있게 합니다. 예: Salesforce, Slack, Zoom 등

2. 인공 지능 as a Service(AIaaS): 클라우드 기반의 인공 지능 기술을 개발자들이 활용할 수 있도록 제공하는 서비스입니다. 예: IBM Watson, Microsoft Azure Cognitive Services 등

3. 인프라스트럭처 as a Service(IaaS): 가상 서버, 스토리지, 네트워킹 등의 인프라를 클라우드에서 제공하여 기업들이 필요에 따라 확장 가능한 자원을 이용할 수 있게 합니다. 예: Amazon Web Services(AWS), Microsoft Azure 등

4. 클라우드 기반 3D 렌더링: 클라우드 서버를 사용하여 고성능 3D 렌더링을 제공하는 서비스입니다. 예: Autodesk Maya Cloud Rendering, Google Zync Render 등

5. 클라우드 기반 가상 데스크톱: 클라우드 서버에서 가상 데스크톱 환경을 제공하는 서비스입니다. 예: Amazon WorkSpaces, Microsoft Azure Virtual Desktop, VMware Horizon Cloud 등

6. 클라우드 기반 가상 보안 팀: 기업들에게 외부 보안 전문가들이 클라우드를 통해 보안 서비스를 제공합니다. 예: Arctic Wolf, CrowdStrike Falcon 등

7. 클라우드 기반 가상 시험 감독: 클라우드에서 온라인 시험을 감독하고 관리하는 서비스입니다. 예: ProctorU, Examity, Honorlock 등

8. 클라우드 기반 가상 행사 플랫폼: 가상 이벤트 및 회의를 클라우드에서 제공하는 플랫폼입니다. 예: Zoom, Microsoft Teams, Hopin 등

9. 클라우드 기반 가상 현실(VR) 서비스: 가상 현실 콘텐츠를 클라우드에서 스트리밍하여 사용자들이 가상 현실 경험을 할 수 있게 합니다. 예: Oculus Quest, HTC Viveport Cloud 등

10. 클라우드 기반 건강 관리 플랫폼: 개인의 건강 데이터를 클라우드에서 관리하고 제공하는 플랫폼입니다. 예: Fitbit, MyFitnessPal, Apple Health 등

11. 클라우드 기반 게임 서비스: 클라우드에서 게임을 실행하고 스트리

밍하여 플레이어들에게 접근성을 높여 주는 게임 서비스입니다. 예: Google Stadia, NVIDIA GeForce Now 등

12. 클라우드 기반 게임 스트리밍 서비스: 게이머들은 클라우드를 통해 높은 사양의 게임을 웹 브라우저나 기기로 스트리밍하여 플레이할 수 있게 합니다.

13. 클라우드 기반 교육 플랫폼: 교육 콘텐츠와 학습 관리를 클라우드에서 제공하는 플랫폼입니다. 예: Google Classroom, Microsoft Education, Canvas 등

14. 클라우드 기반 금융 플랫폼: 은행이나 금융 기관들은 클라우드를 통해 보안성을 강화하고 금융 서비스를 제공합니다

15. 클라우드 기반 농업 IoT 플랫폼: 농업 분야에서 센서 데이터를 클라우드에 수집하고 분석하여 농작물 관리에 활용합니다. 예: CropX, The Climate Corporation 등

16. 클라우드 기반 데이터 분석 플랫폼: 기업들은 클라우드 기반의 데이터 분석 플랫폼을 활용하여 데이터를 수집, 분석하고 비즈니스 의사결정에 활용합니다. 예를 들어, Google Cloud의 BigQuery와 같은 서비스가 있습니다.

17. 클라우드 기반 로보틱스 서비스: 클라우드에서 로봇을 제어하고 관리하는 로보틱스 서비스를 제공합니다. 예: AWS RoboMaker, Microsoft Azure Robotics 등

18. 클라우드 기반 마케팅 자동화: 클라우드를 통해 마케팅 자동화 플랫폼을 제공하는 서비스입니다. 예: HubSpot, Marketo, Pardot 등

19. 클라우드 기반 머신러닝 플랫폼: 데이터 과학자들이 클라우드상에서 머신러닝 모델을 구축하고 학습할 수 있는 플랫폼을 제공합니다. 예: Google Cloud ML Engine, AWS SageMaker 등

20. 클라우드 기반 보험 솔루션: 보험 데이터와 서비스를 클라우드에서 관리하는 솔루션입니다. 예: Lemonade, Oscar Health, Metromile 등

21. 클라우드 기반 블로그 및 웹 호스팅: 블로그나 웹사이트를 호스팅하여 온라인 콘텐츠를 제공합니다.

22. 클라우드 기반 블록체인 플랫폼: 블록체인 기술을 활용하여 기업들이 클라우드상에서 비즈니스 네트워크를 구축할 수 있게 합니다. 예: IBM Blockchain, Microsoft Azure Blockchain 등

23. 클라우드 기반 비디오 스트리밍: 클라우드 서버를 통해 동영상 스트리밍 서비스를 제공합니다. 예: Netflix, YouTube, Amazon Prime

Video 등

24. 클라우드 기반 빅데이터 보안 및 보관 서비스: 기업들은 빅데이터를 클라우드에 안전하게 저장하고 보안을 유지하는 서비스를 제공합니다.

25. 클라우드 기반 빅데이터 분석: 대용량의 데이터를 클라우드에서 처리하고 분석하는 서비스입니다. 예: AWS EMR(Elastic MapReduce), Google Cloud Dataflow, Microsoft Azure HDInsight 등

26. 클라우드 기반 사물인터넷 플랫폼: 다양한 센서들과 클라우드를 연결하여 데이터를 수집하고 분석하는 서비스입니다. 예: AWS IoT Core, Microsoft Azure IoT Hub, Google Cloud IoT Core 등

27. 클라우드 기반 사진 및 동영상 편집 플랫폼: 전문가와 비전문가들이 클라우드를 이용하여 사진과 동영상을 편집하고 공유합니다.

28. 클라우드 기반 소셜 미디어 분석: 소셜 미디어 데이터를 클라우드에서 분석하여 마케팅 인사이트를 도출합니다. 예: Hootsuite, Sprout Social 등

29. 클라우드 기반 소프트웨어 개발 및 협업 도구: 개발자들은 클라우드를 활용하여 소프트웨어 개발과 협업을 쉽게 할 수 있습니다. 예를 들어, GitHub와 GitLab가 있습니다.

30. 클라우드 기반 스마트 시티 솔루션: 도시 기반 인프라를 클라우드에서 관리하고 최적화하는 스마트 시티 솔루션을 제공합니다. 예: Siemens MindSphere, Cisco Kinetic 등

31. 클라우드 기반 스마트 에너지 관리: 에너지 사용량 데이터를 클라우드에서 모니터링하고 관리하여 효율적인 에너지 사용을 돕습니다.

32. 클라우드 기반 실시간 지도 서비스: 실시간 지도 및 길 안내를 제공하는 서비스. 예: Google Maps, Waze, Here WeGo 등

33. 클라우드 기반 실시간 협업 도구: 팀원들이 클라우드에서 동시에 문서 작업 및 협업할 수 있는 도구를 제공합니다. 예: Slack, Microsoft Teams, Google Workspace 등

34. 클라우드 기반 온라인 교육 플랫폼: 온라인 학습이 증가함에 따라 클라우드를 기반으로 한 교육 플랫폼을 개발하여 강의 및 콘텐츠를 제공합니다. 예를 들어, Coursera와 Udemy가 있습니다.

35. 클라우드 기반 온라인 회계 소프트웨어: 클라우드에서 회계 프로세스를 자동화하는 소프트웨어입니다. 예: Xero, QuickBooks Online, FreshBooks 등

36. 클라우드 기반 원격 채용 플랫폼: 기업들은 클라우드를 활용하여 전

세계적으로 채용 프로세스를 운영하고 관리합니다.

37. 클라우드 기반 은행 및 금융 서비스: 은행 업무를 클라우드에서 운영하여 비용을 절감하고 효율성을 높입니다. 예: Finacle, Temenos 등

38. 클라우드 기반 음악 스트리밍: 음악을 클라우드에서 스트리밍하여 사용자들에게 음악 서비스를 제공합니다. 예: Spotify, Apple Music 등

39. 클라우드 기반 의료 서비스: 의료 데이터와 의료 기술을 클라우드에서 관리하고 제공하는 서비스. 예: Cerner, Epic Systems, Allscripts 등

40. 클라우드 기반 의사결정 지원 시스템: 데이터를 수집하고 분석하여 기업 의사결정에 도움을 주는 시스템을 제공합니다. 예: Tableau, QlikView 등

41 클라우드 기반 인터넷 보안 서비스: 클라우드를 통해 웹사이트와 애플리케이션의 보안을 제공하는 서비스. 예: Cloudflare, Akamai, Imperva 등

42. 클라우드 기반 전자 상거래 플랫폼: 클라우드에서 온라인 상점을 운영하는 플랫폼. 예: Shopify, BigCommerce, WooCommerce 등

43. 클라우드 기반 전자 서명 플랫폼: 문서에 전자 서명을 적용하여 클라

우드에서 보안적으로 문서를 관리합니다.

44. 클라우드 기반 지능형 교통 관리 시스템: 도시의 교통 데이터를 클라우드에서 분석하여 교통 혼잡을 예방하고 관리합니다.

45. 클라우드 기반 컴퓨팅 리소스 대여: 컴퓨팅 리소스를 필요로하는 기업들에게 클라우드 인프라를 제공합니다. 예: Amazon EC2, Microsoft Azure Virtual Machines, Google Compute Engine 등

46. 클라우드 기반 환경 모니터링: 환경 데이터를 수집하고 분석하여 기업들이 환경 영향을 최소화할 수 있도록 지원합니다. 예: Ecometrica, TruCost 등

47. 클라우드 보안 솔루션: 클라우드 환경에서의 데이터 보호를 위한 보안 서비스입니다. 예: Cloudflare, Cisco Umbrella, Palo Alto Networks Prisma 등

48. 클라우드 스토리지 제공업체: 개인 및 기업들에게 클라우드 저장소를 제공하여 데이터 보관 및 공유 서비스를 제공합니다. 예: Dropbox, Google Drive, Microsoft OneDrive 등

49. 클라우드 컴퓨팅 서비스: 가상 서버, 스토리지, 애플리케이션 등 인프라나 서비스를 클라우드로 제공하여 기업이나 개인이 비용을 절감

하고 효율성을 높일 수 있는 모델입니다. 예를 들어, Amazon Web Services(AWS), Microsoft Azure, Google Cloud Platform(GCP) 등이 있습니다.

50. 플랫폼 as a Service(PaaS): 개발자들이 애플리케이션을 빠르게 구축하고 실행할 수 있는 플랫폼을 제공합니다. 예: Google App Engine, Heroku 등

제13장

"웨어러블 기기 및 기술"을 활용한 소자본 창업

제1절. 기술 개요 및 특성

웨어러블(Wearable)은 직역하면 "착용 가능한"이라는 뜻으로, 사용자가 몸에 착용하거나 부착할 수 있는 기기들을 가리킵니다. 이러한 기기들은 주로 시계, 안경, 팔찌, 신발, 의류 등과 같이 다양한 형태로 존재하며, 각각의 기기는 다양한 센서, 컴퓨팅 기능, 무선 통신 등의 기술을 내장하고 있습니다. 웨어러블 기기는 센서, 프로세서, 통신 기술 등을 통해 데이터를 수집하고 처리한 후 사용자와 상호 작용하거나 다양한 서비스를 제공하는 데 사용됩니다. 최근 웨어러블 기술은 스마트 헬스케어, 헬스 트래커, 가상 현실(VR) 및 증강 현실(AR) 장치, 스마트 의류 등 다양한 분야에서 활용되고 있습니다.

웨어러블 기기의 주요 특성은 다음과 같습니다.

첫째, 휴대 편의성입니다. 웨어러블 기기는 사용자의 몸에 착용되거나 부착되기 때문에 휴대성이 뛰어납니다. 이로 인해 사용자들은 기기를 항상 가지고 다니거나 특정 상황에서 쉽게 사용할 수 있습니다.

둘째, 패션 디자인 기능입니다. 웨어러블 기기들은 사용자의 패션과 스타일을 고려해서 기술과 패션을 융합하여 디자인적으로 매력적인 다양한 제품들을 개발할 수 있습니다.

셋째, 데이터 수집 및 분석과 피드백입니다. 웨어러블 기기는 다양한 센서를 내장하여 사용자의 신체 활동, 건강 상태, 위치, 환경 조건 등의 데이터를 실시간으로 수집할 수 있습니다. 이렇게 웨어러블 기기에서 수집된 데이터는 기기 내부에서 또는 연결된 스마트폰 또는 클라우드 기반 서버에서 분석되어 사용자에게 유용한 정보를 제공하거나 필요한 피드백을 제공합니다.

넷째, 연결성과 상호 작용입니다. 대부분의 웨어러블 기기는 무선 통신 기술을 이용하여 스마트폰, 태블릿 또는 컴퓨터와 연결되어 상호 작용하고 데이터를 주고받을 수 있습니다. 스마트 워치와 스마트 안경은 이러한 기능을 가장 잘 나타내는 대표적인 예시입니다.

제2절. 수익성 사업 모델

아래에서 웨어러블 기기 및 기술을 활용하여 수익성 있는 사업 모델을 간단한 예시와 함께 제시하겠습니다. 실제로 이러한 사업 모델들은 시장의 수요와 기술의 발전에 따라 지속적으로 변화하고 발전할 수 있습니다.

1. 웨어러블 기술을 활용한 VR/AR 웨어러블 장치 개발: 가상 현실(VR) 및 증강 현실(AR)을 위한 웨어러블 장치를 개발하여 콘텐츠 제공과 체험을 증진시킵니다.

2. 웨어러블 기술을 활용한 가상 현실 치료: 웨어러블 VR 기기를 이용하여 공포증, 높은 스트레스 등의 임상적 상태를 치료하는 가상 현실 치료 서비스를 제공합니다.

3. 웨어러블 기술을 활용한 가상 현실 체험: 웨어러블 VR 기기를 사용하여 가상 세계를 체험하고, 이를 기반으로 게임 및 체험 관련 서비스를 제공합니다.

4. 웨어러블 기술을 활용한 건강 모니터링: 건강 상태를 실시간으로 모니터링하는 웨어러블 기기와 앱 플랫폼을 제공하여 사용자들에게 개인화된 건강 관리 서비스를 제공합니다.

5. 웨어러블 기술을 활용한 건강 보험 할인 프로그램: 웨어러블 기기를 통

해 사용자들의 건강 상태를 추적하여 건강하게 유지하는 데 도움을 주고 보험료 할인 혜택을 제공합니다.

6. 웨어러블 기술을 활용한 건강 식단 및 운동 추천: 웨어러블 헬스 기기와 앱을 활용하여 개인별 건강 식단과 운동을 추천하는 서비스를 제공합니다.

7. 웨어러블 기술을 활용한 공연 및 이벤트 인터랙션: 웨어러블 기기와 연동하여 공연 및 이벤트 참가자들과 상호 작용을 촉진하는 서비스를 제공합니다.

8. 웨어러블 기술을 활용한 노인 돌봄 서비스: 웨어러블 기기를 이용하여 노인들의 건강 상태를 지켜보고, 보호자에게 실시간 알림을 제공하는 서비스를 제공합니다.

9. 웨어러블 기술을 활용한 뇌파 분석: 뇌파 웨어러블을 활용하여 집중력, 스트레스, 피로 등을 분석하여 개인의 생산성과 행동을 개선하는 서비스를 제공합니다. 예: Muse의 뇌파 헤드밴드

10. 웨어러블 기술을 활용한 라이프스타일 추적: 웨어러블 기기를 통해 사용자의 라이프스타일 패턴을 추적하고 개선하는 서비스를 제공합니다.

11. 웨어러블 기술을 활용한 미디어 스트리밍: 웨어러블 기기를 통해 실시간으로 미디어 컨텐츠를 스트리밍하고, 사용자들에게 다양한 미디어 경험을 제공합니다.

12. 웨어러블 기술을 활용한 반려동물 건강 모니터링: 웨어러블 반려동물 기기를 사용하여 반려동물의 건강 상태를 모니터링하고, 주인에게 피드백을 제공하는 서비스를 제공합니다.

13. 웨어러블 기술을 활용한 보안 솔루션: 사용자의 생체 인증을 기반으로 하는 웨어러블 보안 솔루션을 개발하여 접근 제어 및 데이터 보호를 강화합니다. 예: 지문인식 기술을 활용한 웨어러블 보안 장치

14. 웨어러블 기술을 활용한 산업 현장 안전 솔루션: 웨어러블 기기를 착용한 작업자들의 건강 상태를 모니터링하고 위험 상황 발생 시 경보를 보내어 산업 현장 안전을 강화합니다.

15. 웨어러블 기술을 활용한 생체 인식 결제: 웨어러블 기술을 이용하여 생체 인식 결제 시스템을 구축하여 사용자들이 간편하게 결제할 수 있는 서비스를 제공합니다. 예: 스마트밴드로 손목 인증 결제 서비스

16. 웨어러블 기술을 활용한 스마트 농업: 웨어러블 센서를 이용하여 농작물의 상태를 모니터링하고, 농부들에게 농업 생산성 향상을 도와주는 솔루션을 제공합니다.

17. 웨어러블 기술을 활용한 스마트 마케팅 행사: 웨어러블 기기를 착용한 이용자들에게 타겟팅 광고를 제공하는 스마트 마케팅 행사를 기획합니다.

18. 웨어러블 기술을 활용한 스마트 머신 작업 지원: 웨어러블 기기를 착용한 작업자들이 머신과 상호 작용하며 작업을 보조하는 스마트 작업 지원 솔루션을 제공합니다.

19. 웨어러블 기술을 활용한 스마트 물류 및 창고 관리: 웨어러블 디바이스를 착용한 물류 관리자들이 물류 작업을 효율적으로 관리하는 서비스를 제공합니다.

20. 웨어러블 기술을 활용한 스마트 스포츠 리그: 웨어러블 기술로 선수들의 성과를 실시간으로 모니터링하여 경기에서의 성적과 건강 상태를 개선하는 스포츠 리그를 운영합니다.

21. 웨어러블 기술을 활용한 스마트 시설 관리: 웨어러블 기기를 통해 건물 내부의 온도, 조명 등을 모니터링하고, 효율적으로 관리하는 서비스를 제공합니다.

22. 웨어러블 기술을 활용한 스마트 시티 모니터링: 웨어러블 기술을 활용하여 스마트 시티 인프라와 환경 요소를 모니터링하고 관리하는 시스템을 개발합니다. 예: 웨어러블 센서로 대기 오염 수준을 실시간으

로 모니터링하는 서비스

23. 웨어러블 기술을 활용한 스마트 교육 플랫폼: 학습 콘텐츠를 웨어러블 기기를 통해 제공하여 사용자들이 운동하는 동안 학습할 수 있는 플랫폼을 구축합니다.

24. 웨어러블 기술을 활용한 스마트 워크웨어(Workwear): 생산성과 안전을 향상시키기 위해 웨어러블 기술을 적용한 스마트 워크웨어를 개발 및 판매합니다.

25. 웨어러블 기술을 활용한 스마트 의류 디자인 및 판매: 웨어러블 기기를 내장한 스마트 의류를 디자인하고, 판매하는 사업을 시작합니다.

26. 웨어러블 기술을 활용한 스마트 의류 쇼핑: 웨어러블 센서를 통해 사용자의 체형에 맞는 옷을 추천하고 실시간 가상 피팅을 제공하는 의류 쇼핑 플랫폼을 개발합니다.

27. 웨어러블 기술을 활용한 스마트 자전거 공유: 웨어러블 기기를 장착한 자전거를 공유하고 운동량을 추적하여 사용자들에게 운동 동기 부여와 자전거 이용 혜택을 제공합니다.

28. 웨어러블 기술을 활용한 스마트 주차 시스템: 웨어러블 장치를 이용하여 자동차 주차 공간을 찾고 예약하며, 주차 과정을 자동화하는 시

스템을 개발합니다.

29. 웨어러블 기술을 활용한 스마트 패션: 웨어러블 기기를 패션 아이템으로 통합하여 착용자들의 개인성과 스타일을 반영합니다.

30. 웨어러블 기술을 활용한 스마트 헬멧 트래킹: 자전거나 오토바이 사용자를 위한 웨어러블 헬멧으로 위치 추적 서비스를 제공합니다.

31. 웨어러블 기술을 활용한 스마트 홈 자동화: 웨어러블 기기를 활용하여 사용자가 스마트 홈 시스템을 제어하고 모니터링할 수 있는 서비스를 제공합니다. 예: 스마트워치를 통해 스마트 홈 기기를 원격으로 제어하는 서비스

32. 웨어러블 기술을 활용한 스포츠 트레이닝: 웨어러블 스포츠 기기를 사용하여 개인의 운동 능력을 분석하고 개선할 수 있는 플랫폼을 제공합니다.

33. 웨어러블 기술을 활용한 스포츠 팀 분석: 선수들의 웨어러블 기기 데이터를 수집하여 팀의 훈련과 성과를 최적화하는 스포츠 분석 솔루션을 제공합니다.

34. 웨어러블 기술을 활용한 실시간 번역: 웨어러블 언어 번역기를 개발하여 다국어 간 원활한 의사소통을 지원하는 서비스를 제공합니다.

예: 웨어러블 헤드셋을 통한 실시간 언어 번역

35. 웨어러블 기술을 활용한 어린이 교육: 웨어러블 디바이스를 활용하여 어린이들의 학습 및 인지 능력을 향상시키는 교육용 애플리케이션을 개발합니다.

36. 웨어러블 기술을 활용한 메디컬 스캔: 손쉽게 웨어러블 기기로 전문가들에게 의료 스캔 결과를 공유하고 조언을 받을 수 있는 서비스를 제공합니다.

37. 웨어러블 기술을 활용한 유치원 및 학교 안전 시스템: 웨어러블 기기를 활용하여 학생들의 안전을 모니터링하고, 이상 행동을 탐지하는 시스템을 구축합니다.

38. 웨어러블 기술을 활용한 인간 퍼포먼스 측정: 작업 중 인간의 생리학적 상태를 모니터링하여 생산성을 높이고 휴식 시간을 최적화하는 서비스를 제공합니다.

39. 웨어러블 기술을 활용한 자동차 운전자 건강 모니터링: 웨어러블 센서를 통해 운전자의 건강 상태를 모니터링하고, 졸음 운전 등을 예방하는 서비스를 제공합니다.

40. 웨어러블 기술을 활용한 지능형 자동차 기술: 운전자의 상태와 자동차

성능을 모니터링하여 운전 조건을 개선하는 웨어러블 테크놀로지를 자동차 산업에 적용합니다. 예: 테슬라의 드라이버 모니터링 시스템

41. 웨어러블 기술을 활용한 헬스케어 로봇: 웨어러블 기기를 착용한 로봇과 의료 전문가들이 협력하여 수술 등의 의료 서비스를 제공합니다.

42. 웨어러블 기술을 활용한 헬스케어 모니터링: 웨어러블 헬스케어 기기를 사용하여 사용자의 건강 상태를 모니터링하고, 이를 클라우드 서버로 전송하여 의료 전문가와 공유합니다.

43. 웨어러블 기술을 활용한 증강 현실(AR) 놀이 공원: AR 웨어러블 기기를 착용한 손님들에게 현실 세계와 상호 작용하는 새로운 놀이 경험을 제공하는 공원을 운영합니다.

44. 웨어러블 기술을 활용한 환경 모니터링: 웨어러블 센서를 통해 공기, 수질 등의 환경 데이터를 수집하고, 환경 모니터링 서비스를 제공합니다.

45. 웨어러블 기술을 활용한 환자 모니터링 및 치료: 웨어러블 의료 기기를 사용하여 환자들을 모니터링하고, 치료 효과를 평가하는 의료 서비스를 제공합니다.

제14장

"드론 기기 및 기술"을 활용한 소자본 창업

제1절. 기술 개요 및 특성

드론 기술은 무인 항공기 또는 UAV(Unmanned Aerial Vehicle) 기술을 의미합니다. 드론 기기는 무인 항공 기기로서, 원격 조종 또는 자동으로 작동되는 비행 장치를 말합니다. 이러한 드론 기기 및 기술은 인간의 조종 없이 자율적으로 비행할 수 있는 장치들을 포함합니다. 드론은 다양한 크기와 형태로 제작될 수 있으며, 기술적으로 계속 발전하고 있기 때문에 군사, 상업, 농업, 환경 감시, 응급 구조 등 여러 분야에서 다양한 용도로 활용되고 있습니다.

드론 기술은 다음과 같은 특성을 갖고 있습니다.

첫째, GPS와 위치 추적입니다. 드론은 GPS 시스템을 통해 정확한 위치 추적이 가능합니다. 또한 대부분의 드론은 고화질 카메라와 다양한 센서를 장착하여 높은 수준의 정보를 수집할 수 있습니다. 이를 통해 목표 지점까지 정확한 비행 경로를 설정하고, 일정한 높이를 유지하며 안전하게 비행할 수 있습니다.

둘째, 무인 비행 자동화와 원격 제어입니다. 드론은 인간의 조종 없이 미리 프로그래밍된 경로를 따라 자동으로 비행할 수도 있으며, 운전자가 원격으로 조종하여 목표를 달성할 수도 있습니다. 자동화 기능은 특히 사진 촬영, 지도 작성, 농업, 산업 인프라 점검 등과 같은 작업에 유용합니다.

셋째, 실시간 데이터 통신입니다. 드론은 수집한 데이터를 실시간으로 기지국 또는 컴퓨터와 연결하여 전송할 수 있습니다. 또한 드론은 원격으로 데이터를 송수신하고 정보를 분석하거나 실시간으로 피드백을 받을 수도 있습니다. 이를 통해 드론 운영자는 드론이 비행 중에도 빠르고 효율적으로 정보를 처리하고 분석할 수 있습니다.

넷째, 다양한 크기와 형태 확장성입니다. 드론은 작은 손바닥 크기의 미니 드론부터 고용량 화물 운송용 드론까지 다양한 크기와 형태로 제작됩니다. 또한, 드론은 필요에 따라 쉽게 개조하고 업그레이드할 수도 있습니다.

이러한 특성으로 인해 드론은 산업, 농업, 환경 보호, 군사, 의료, 엔터테인먼트, 물류 등 다양한 분야에서 사용되고 있습니다. 예를 들어, 농업에서는 작물 감시, 스프레이, 물 부족 지역의 관리를 도와주며, 의료 분야에서는 응급 상황에서 의료 용품 배달에도 사용될 수 있습니다.

제2절. 수익성 사업 모델

아래에서 드론 기기와 기술을 활용한 수익성 사업 모델을 설명과 함께 예시해 드리겠습니다. 이외에도 드론 기술은 계속해서 발전하고 있으므로 새로운 사업 모델이 더욱 늘어날 수 있습니다.

1. 드론 관광 가이드: 관광객들을 드론으로 유명 장소를 안내하는 서비스로 새로운 관광 경험을 제공합니다. 예: 드론 가이드를 통해 도시의 아름다운 경치와 역사적인 장소를 관광객에게 소개

2. 드론 기반 응급 구조 서비스: 드론을 이용하여 재난 현장이나 산악 구역에서 인명 구조 및 응급 상황에 대한 빠른 지원을 제공합니다.

3. 농업용 드론 서비스: 작물 상태 모니터링, 비료 및 농약 분사 등으로 농업 생산성 향상을 지원합니다. 예: 드론을 사용하여 농작물 관리를 지원하는 서비스를 제공

4. 드론 기반 대규모 행사나 축제의 보안 서비스: 드론을 활용하여 대규모 행사나 축제의 안전과 보안을 감시하고 지원합니다.

5. 드론 기반 도시 인프라 점검 서비스: 도로, 교량, 전력선 등 도시 인프라를 드론으로 점검하는 서비스입니다. 예: 도시 인프라를 드론으로 점검하여 정비가 필요한 부분을 파악

6. 드론 미디어 광고: 이벤트나 축제 등에 드론을 이용하여 광고를 전달하는 서비스입니다. 예: 드론 광고를 통해 대형 이벤트에 참가하는 기업들을 홍보

7. 드론 기반 산림 재해 예방 서비스: 드론을 사용하여 산불 및 산사태와 같은 재해를 사전에 예방하는 서비스입니다. 예: 산림 재해 감지와 예방을 위한 드론 솔루션을 제공

8. 드론 기반 실시간 스포츠 중계 서비스: 드론 카메라로 경기 현장을 촬영하여 스포츠 경기를 실시간으로 중계하는 서비스를 제공합니다.

9. 드론 기반 실시간 지도 및 위치 정보 제공: 드론을 활용하여 지도 데이터를 실시간으로 업데이트하고 위치 정보 기반의 다양한 서비스를 제공합니다.

10. 드론 기반 자연재해 예방 및 대응 서비스: 드론을 활용하여 자연재해 예방 및 대응에 사용되는 서비스를 제공합니다.

11. 드론 기반 화재 대응 서비스: 드론을 활용하여 화재 현장에서 지원하는 서비스. 예: 화재가 발생한 건물을 드론으로 모니터링하여 화재 진압에 도움을 주는 서비스

12. 드론 기반 보안 및 감시 서비스: 드론을 이용하여 건물 주변에 비행 경

로를 설정하여 실시간 보안 및 감시 업무를 수행하는 서비스입니다.

13. 드론 기반 보험 감사 서비스: 보험 청구 절차를 간소화하기 위해 사고 현장을 드론으로 감사하는 서비스입니다. 예: 보험 회사에 드론 감사 서비스를 제공하여 보험 청구 절차를 효율화

14. 드론 스포츠 및 레이싱 이벤트: 드론 레이싱 대회를 개최하거나 드론 스포츠 이벤트를 기획하여 관심을 모으고 수익을 창출합니다.

15. 드론 기반 영상 촬영 서비스: 결혼식, 이벤트 등을 기념하기 위해 드론 으로 고화질 영상을 촬영하는 서비스입니다. 예: 드론을 사용하여 특 별한 순간을 감동적인 영상으로 기록

16. 드론 기반 유통 채널 감시: 판매처의 상태를 드론을 이용하여 정기적 으로 확인하고 유통 채널을 모니터링합니다. 예: 드론을 활용하여 제 품 유통 채널을 감시하는 서비스를 제공

17. 드론 기반 촬영 및 영상 제작 서비스: 드론을 이용하여 풍경, 부동산 등의 촬영과 영상 제작을 제공하는 서비스입니다.

18. 드론 기반 택배 및 물류 서비스: 드론을 이용하여 소형 물품의 택배 및 물류 서비스 제공합니다.

19. 드론 기반 환경 모니터링: 드론으로 대기 오염, 해양 오염 등을 모니터링하여 환경 보호를 위한 정보를 수집합니다. 예: 환경 보호 단체와 협력하여 드론을 이용한 환경 모니터링 서비스를 제공

20. 드론 기반 차량 주차 관리: 드론을 활용하여 주차장 내 무인 차량 주차 관리 서비스를 제공합니다. 예: 주차장을 드론으로 모니터링하고 주차 위치를 안내

21. 드론 기반 의료 기기 전달 서비스: 원격 지역에 의료 기기를 신속하게 전달하는 서비스로 응급 상황을 지원합니다. 예: 의료 기기를 신속하게 운송하는 드론 서비스를 제공하여 응급 환자를 지원합니다.

22. 드론을 이용한 건축 설계 및 모델링: 드론을 활용하여 건축물의 모델링과 설계를 도와주는 서비스입니다. 예: 건축 현장을 드론으로 스캔하여 정확한 모델링 작업

23. 드론을 이용한 문화 예술 퍼포먼스: 드론을 사용하여 퍼포먼스 또는 예술 작품을 제작하는 서비스입니다. 예: 드론을 활용하여 빛과 음악의 조합으로 퍼포먼스

24. 드론을 활용한 건물 안전 점검: 드론을 이용하여 건물의 안전 상태를 점검하는 서비스입니다. 예: 높은 건물의 외벽이나 지붕 상태를 드론으로 검사

25. 드론을 활용한 골프 코스 관리: 잔디 관리, 화재 예방 등을 위해 드론을 활용하는 서비스입니다. 예: 골프 코스 관리를 위한 드론 기술을 제공

26. 드론을 활용한 기후 연구: 기후 변화를 연구하기 위해 드론으로 환경 데이터를 수집하는 서비스입니다. 예: 드론 기술을 활용하여 기후 연구를 지원

27. 드론을 활용한 도로 및 교량 검사: 드론을 이용하여 도로, 교량 등의 인프라를 검사하는 서비스입니다. 예: 높은 높이에 위치한 교량을 드론으로 검사하여 정밀한 상태 파악

28. 드론을 활용한 문화유산 보존 및 관리: 드론을 이용하여 문화유산을 보존하고 관리하는 서비스입니다. 예: 고대 유적지의 상태를 드론으로 모니터링하여 보존 조치

29. 드론을 활용한 미네랄 탐사: 드론을 이용하여 광물 자원을 탐사하는 서비스입니다. 예: 광산 지역에서 드론으로 광물 탐사 작업

30. 드론을 활용한 인프라 건설 및 유지 보수: 드론을 사용하여 인프라 건설과 유지 보수 작업을 지원하는 서비스입니다. 예: 건물 외벽 청소, 높은 탑재 작업 등에 드론 활용

31. 드론을 활용한 배출 가스 측정: 공장이나 대기 중 배출 가스를 드론으로 측정하여 환경 규정을 준수하도록 지원합니다. 예: 드론을 활용하여 배출 가스 농도를 모니터링하여 대기 오염을 방지

32. 법 집행 기관을 위한 범죄 감시와 패트롤: 드론을 이용하여 범죄 현장을 감시하고 법 집행 기관의 패트롤 업무를 지원합니다.

33. 임명 작물 감시 및 농작물 관리 서비스: 드론을 사용하여 농경지의 생장 상태를 모니터링하고, 농부들에게 효과적인 농작물 관리 방법을 제안하는 서비스를 제공합니다.

34. 자연 보호 구역 감시와 반입 금지 감시: 드론을 활용하여 자연 보호 구역 내의 반입 금지 지역을 감시하고 위반 사항을 감시합니다.

35. 건설 현장 모니터링 드론: 건설 현장의 진행 상태, 안전 문제 등을 모니터링하는 드론 서비스입니다. 예: 건설 현장에서 드론을 활용하여 실시간 모니터링 솔루션을 제공

36. 지하철 터널 점검과 유지 보수: 드론을 터널 내부로 보내어 지하철 터널의 상태를 점검하고 유지 보수 작업에 활용합니다.

37. 풍력 발전소 또는 태양광 발전소의 정기적인 점검: 드론으로 풍력 발전소나 태양광 발전소의 장비를 점검하고 유지 보수 서비스를 제공합니다.

38. 해양 생태계 보호: 드론을 사용하여 해양 생태계를 모니터링하고 해양 오염을 탐지하는 서비스입니다. 예: 드론을 활용하여 해양 생태계 보호를 위한 정보를 수집

39. 해양 자원 탐사 및 어업 지원: 드론을 사용하여 해양 자원을 탐사하고 어업 분야에서 보다 효율적인 작업을 지원합니다.

40. 환경 정화를 위한 쓰레기 수거 드론: 드론을 사용하여 해변이나 미확인 지역에서 쓰레기를 수거하는 서비스를 제공합니다.

제2부

유비쿼터스 창업 지원제도

Ubiquitous Entrepreneurship

제15장

정부 창업 지원제도 및 정책자금

창업을 해서 기업을 경영하기 위해서는 충분한 자금이 필요할 수 있습니다. 그러나, 스타트업이나 소규모 기업이 시중 은행을 통해 자금조달을 노력해 보지만 부족한 담보력과 낮은 신용 점수로 자금조달이 쉽지만은 않습니다. 이런 경우 정부 창업 지원제도를 적극적으로 활용할 필요가 있습니다. 하지만, 정부 창업 지원제도는 정부 정책에 따라 매년 지원 내용이 조금씩 변경될 수 있기 때문에, 정부 창업 지원자금을 신청하기 전에 해당 정부 기관에서 발행하는 정책자금 지원 공고 및 공지사항을 꼼꼼하게 살펴보아야 합니다. 예를 들면, 다음과 같습니다.

"중소벤처기업부 공고 제2023-377호
「중소기업진흥에 관한 법률」 제66조 및 제67조에 따른 '2023년도 중소
기업 정책자금 융자계획'을 다음과 같이 공고합니다.
2023년 6월 28일 중소벤처기업부장관"

제1절. 소상공인 정책자금 - 소상공인시장진흥공단

소상공인시장진흥공단(https://www.semas.or.kr/)에서는 소상공인의 성장기반 마련 및 경영안정을 위해 다양한 정책자금을 지원하고 있습니다. 소상공인 정책자금 융자조건 및 소상공인 정책자금 신청 및 집행 등과 관련해서는 소상공인시장진흥공단 누리집(https://ols.sbiz.or.kr/)을 접속 방문하시면 됩니다. 「2023년 소상공인 정책자금 융자계획」은 다음과 같이 공고되어 있습니다.

가. 공통 지원자격

+ 「소상공인 보호 및 지원에 관한 법률」상 소상공인: 상시근로자 5인 미만 업체
(단, 제조업, 건설업, 운수업, 광업 등은 상시근로자 10인 미만 업체)
+ 제외업종: 유흥 향락 업종, 전문업종, 금융업, 보험업, 부동산업 등

나. 세부 지원요건

세부 지원요건

구분	세부	신청요건
성장기반 자금	소공인 특화자금	(직접대출) 제조업을 영위하는 10인 미만의 소공인
	성장촉진자금	(직접대출) 업력 3년 이상이며 자동화설비 도입하여 운영 중이거나 도입하고자 하는 소상인
		(대리대출) 업력 3년 이상 소상인
	스마트자금	(직접대출) ① 스마트 소상공인, ② 혁신형 소상공인, ③ 사회적 경제기업, ④ 강한 소상공인·로컬 크리에이터
	민간투자연계형매칭 융자	(직접대출) 소상공인진흥공단에 의해 선정된 전문 운영기관을 통해 투자금을 지원받고 선투자 인증서를 발급받은 소상공인
일반경영 안정자금	일반자금	(대리대출) 업력 3년 미만 소상공인
	신사업창업사관학교 연계자금	(직접대출) 최근 1년 이내 신사업창업사관학교 수료 후 해당 아이템으로 창업한 소상공인
특별경영 안정자금	소상공인전통시장자금	(직접대출) 민간금융 이용이 이려운 저신용 소상공인

구분	세부	신청요건
특별경영 안정자금	재도전 특별자금	(직접대출) ① 재창업 준비단계 또는 초기단계에 있는 소상공인 ② "채무해소 재기지원종합패키지 협약기관"에서 인정한 성실상환 소상공인
	긴급경영안정 자금	(대리대출) "재해 중소기업(소상공인)확인증"을 발급받은 소상공인
	장애인기업지원자금	(대리대출) 장애인복지카드(국가유공자카드(또는 증서)) 또는 장애인기업확인서를 소지한 장애 소상공인(또는 기업)
	위기지역 지원자금	(대리대출) 고용위기지역(고용부 지정), 산업위기대응특별지역(산업부 지정), 조선사 소재 지역 등 지역경제위기가 우려되는 지역 소재 소상공인
	청년고용 연계자금	(대리대출) ① 업력 3년 미만의 청년 소상공인(만 39세 이하) ② 상시근로자 중 과반수 이상 청년 근로자(만 39세 이하)를 고용 중이거나 최근 1년 이내 청년 근로자 1인 이상 고용한 소상공인

표 출처: 소상공인시장진흥공단 누리집(https://ols.sbiz.or.kr/)

다. 융자절차 - 직접대출

신청.접수	대출심사	약정 체결 및 실행
• **소상공인시장진흥공단**	• **소상공인시장진흥공단**	• **소상공인시장진흥공단**
• 온라인 접수	• 현장 실사	• 전자약정 또는 대면약정
• 직접 대출 신청	• 사업전망, 경영성, 신용도 등 기업평가	• 약정 체결 후 대출 실행

라. 온라인 신고센터

소상공인시장진흥공단은 제3자 부당개입 피해를 예방·대응하기 위하여 신고센터를 운영하고 있습니다. 제3자 부당개입 유형 및 판단기준은 다음과 같습니다.

제3자 부당개입 유형 및 판단기준

구분		내용
정의		정책자금 신청업체에 재직하지 아니하면서 정책자금 신청·대출 과정에서 사업자의 피해를 유발하고 정책목적을 훼손하는 행위
유형	피해 유발 행위	① (계약 불이행) 성공 조건부 계약을 체결하고, 수수료를 선지급받은 후 대출 실패 시 선지급금 반환청구에 응하지 않는 경우(형법 제347조에 의한 사기에 해당)

구분		내용
유형	정책 목적 훼손	② (대출심사 허위 대응) 재무제표 분식, 사업계획 과대포장 등 허위로 신청서류를 작성하고 수수료 수령한 경우(형법 제347조에 의한 사기)
		③ (허위 대출약속) 지원자격이 안되는 기업(요건 미흡, 평가 탈락 기업 등)에 정책자금 신청 전 대출을 약속하고 대가를 요구하는 경우 - 지원자격이 안되는 기업을 대상으로 정책자금을 받아 주겠다며 대가를 요구 할 경우(형법 제347조에 의한 사기에 해당)
		④ (부정청탁) 정부기관, 공공기관 직원 등과의 인적 네트워크를 통해 정책자금 지원이 가능하도록 하겠다고 약속하고, 착수금을 수령하는 경우 (형법 제347조에 의한 사기, 청탁금지법 제5조 부정청탁 금지 위반)
		⑤ (정부기관 등 사칭) 제3자가 정부 공무원이나 공공기관 직원의 명함을 임의로 사용하거나 허위로 정책자금 관련 기관 직원을 사칭한 경우 (형법 제347조에 의한 사기, 형법 제118조에 의한 공무원 자격의 사칭)
		⑥ (부당 보험영업 행위) 보험계약 모집 시 보험계약자에게 정책자금 신청 등을 대행해 주거나, 대행을 약속하고, 보험을 모집하는 경우 (보험업법 제98조에 의한 특별이익 제공 금지 위반)

표 출처: 소상공인시장진흥공단 누리집(https://ols.sbiz.or.kr/)

제2절. 중소벤처기업 정책자금 - 중소벤처기업진흥공단

중소벤처기업진흥공단(https://www.kosmes.or.kr/)에서는 중소벤처기업의 성장기반 마련 및 경영안정을 위해 다양한 정책자금을 지원하고 있습니다. 중소벤처기업을 위한 정책자금 융자조건 및 정책자금 신청 및 집행 등과 관련해서는 중소벤처기업진흥공단(https://www.kosmes.or.kr/nsh/SH/SBI/SHSBI001M0.do)을 접속 방문하면 됩니다. 「2023년 중소벤처기업 정책자금 융자계획」은 다음과 같이 공고되어 있습니다.

가. 지원규모

- 융자(4조 1,769억 원), 이차보전(7,970억 원)
- 기업 성장단계별 특성과 정책목적에 따라 5개 세부 자금으로 구분하여 운영

1) 창업기
(가) 지원방향
- 창업 및 시장 진입
- 성장 단계 디딤돌
(나) 지원사업
- 혁신창업사업화: 창업기반지원, 개발기술사업화
- 긴급경영안정자금: 일시적 애로 및 재해/일반경영안정지원

2) 성장기

(가) 지원방향

- 성장단계 진입 및 지속 성장

(나) 지원사업

- 신성장기반: 혁신성장지원, Net-Zero 유망기업 지원, 제조현장 스마트화, 스케일업 금융
- 신시장진출지원자금: 내수기업의 수출기업화, 수출기업의 글로벌 기업화

나. 융자한도 및 금리

1) 융자한도

- 개별 기업당 융자한도는 중소벤처기업진흥공단 정책자금 대출 잔액과 신규 대출 예정액을 합산하여 기업당 60억 원 이내(수도권을 제외한 지방소재기업은 70억 원)
- 다음의 잔액기준 한도 예외 적용의 경우에도, 최대 100억 원 이내에서 지원

(가) 사업별 우대: 100억 원

- 협동화·협업사업 승인기업 지원자금, 제조현장 스마트화 자금
- 긴급경영안정자금, 사업전환 및 사업재편 승인기업에 대한 사업전환자금

(나) 정부정책에 따른 우대 기업: 100억 원

- 혁신성장지원자금 신청기업 중 원전 협력 중소기업, 소재·부품·장비 영위기업 및 혁신형 중소기업, 초격차·신산업분야 영위기업
- 글로벌 백신 허브화 추진단에서 지정한 백신·원부자재 기업
- 납품단가 조정, 협력이익공유제 참여, 성과공유제 과제 확인서 발급 기업, 상생결제 우수기업 최상위 등급 인증기업 등 상생협력 우수 기업
- 근로자 주거지원을 위한 기숙사 신축 또는 매입 기업(사업장 내 한함)
- 고용창출 100대 기업 등 일자리창출 우수기업
- 해외진출기업 국내복귀 지원법령에 의한 국내복귀기업
- 지방중소기업 특별지원지역 입주기업 및 지역특화 발전특구 소재 중점지원분야 영위기업, 지역 미래신산업 영위기업
- 소재·부품·장비 강소기업 100, 스타트업 100, 경쟁력위원회 추천기업
- 최근 3년 이내 기술혁신대전 등 정부포상 수상기업
- 공정거래위원회 선정 하도급 거래 모범업체
- 중기부 초격차 스타트업 1000+ 프로젝트 선정기업(신산업 스타트 업, 딥테크팁스)
- 중기부 글로벌 강소기업 프로젝트 지정기업
- 공정위 소비자중심경영(CCM) 인증기업
- 중기부 지정 인재육성형 중소기업
- 고용부인증 시간선택제 우수기업
- 공동근로복지기금 참여기업
- 안전보건경영 인증사업장

- 한류활용 수출전용 펀드 투자 유치기업
- 아기유니콘 200
- 대스타 해결사 플랫폼 최종 선정 창업기업
- 브랜드K 인증기업
- 국가핵심기술 보유 중소기업
- 우수물류기업 인증기업
- 그린분야 영위기업
- 여성기업
- 사회적경제기업
- 국세청 선정 모범납세자
- 중기부 지역혁신 선도기업 선정기업
- 중기부 납품대금 연동제 동행기업

2) 대출금리

「정책자금 기준금리(분기별 변동)」에서 자금종류, 신용위험등급, 담보종류, 우대조건에 따라 가감되기도 합니다. 분기별 정책자금 기준금리는 중소벤처기업진흥공단 홈페이지(www.kosmes.or.kr)에 공지되고 있습니다.

- 사업별 기준금리 등 세부사항은 사업별 정책자금 융자계획에서 규정
- 시설자금 직접대출의 경우 각 사업별로 고정금리 적용 가능(단, 협동화 및 협업사업 승인기업 지원은 제외)
- 기존 대출기업도 정책자금 기준금리 변동에 따라 대출금리가 변동되며(일부자금 제외), 대출금리는 정부정책에 따라 변경 가능

다. 융자방식

중소벤처기업진흥공단에서 융자 신청·접수하여 융자 대상 결정 후, 중소벤처기업진흥공단(직접대출) 또는 금융회사(대리대출)에서 신용, 담보부 대출. 단, 보증서담보는 재창업자금 중 "신용회복위원회 재창업지원"에 대해서만 취급 가능합니다.

제3절. 청년일자리 도약장려금 - 고용노동부

    고용노동부에서는 청년 일자리 창출 지원을 위해 청년일자리창출지원사업을 지원하고 있습니다. 청년일자리 도약장려금(고용노동부 주관)의 신청대상·방법 등은 고용노동부 - 청년일자리창출지원사업 누리집(www.work.go.kr/youthjob)에 총정리 되어 공시되고 있습니다. 또한,「2023년 청년일자리 도약장려금 신청대상·방법」등은 대한민국 정책브리핑 - 정책뉴스(https://www.korea.kr/news/policyNewsView.do?newsId=148912647)를 통해 다음과 같이 공시되어 있습니다.

가. 개요

    고용노동부에서는 청년일자리 도약장려금 정책으로 중소기업의 청년 채용을 지원·장려하고 있습니다. 이 정책은 만 15-34세의 취업애로 청년을 정규직으로 새로 채용하고 6개월 이상 고용을 유지한 중소기업은 2년간 최대 1,200만 원을 지원받을 수 있습니다. 지식서비스기업, 문화콘텐츠기업, 청년창업기업 등은 5인 미만 기업도 신청 가능합니다.

나. 지원 대상

만 15-34세의 청년 중
- 6개월 이상 실업
- 자립지원 필요 청년

- 고졸 이하 학력
- 북한이탈청년
- 고용촉진장려금 지원대상
- 폐자영업 청년
- 국민취업지원제도 참여자
- 청년도전지원사업 수료자
- 최종학교 졸업 후 고용보험 가입기간 1년 미만인 청년(단, 졸업 후 3개월 미만 청년 제외)

다. 지원내용 및 지원한도

1) 지원 내용

(가) 청년채용 1인당 월 최대 60만 원씩 1년간 지원

(나) 최초 채용 후, 2년 근속 시 480만 원 일시 지급(2년간 최대 1,200만 원)

2) 지원 한도

(가) 기업당 최대 30명 지원

(나) 수도권: 기준 피보험자 수의 50%

(다) 비수도권: 기준 피보험자 수의 100%

※ 필요시 지방관서의 심사를 거쳐 지원한도를 2배(단, 최대 60명)까지 확대 가능

라. 신청방법

청년일자리창출지원사업 누리집 접속(www.work.go.kr/youthjob)

→ 누리집에서 기업소재지를 담당하는 운영기관을 지정하여 참여 신청

→ ① 기업의 온라인 참여승인 ② 청년채용

* 사업 참여신청 전 청년채용 시 3개월 이내 사업참여신청 필요

제16장

창업 세무 안내 및 절세 전략

제1절. 1인 미디어 창작자

가. 1인 미디어 창작자 개요

1) 현황

1인 미디어 창작자란 인터넷·모바일 기반의 미디어 플랫폼* 환경에서 다양한 주제의 영상 콘텐츠를 제작하고 이를 다수의 시청자와 공유하여 수익을 창출하는 신종 직업을 의미합니다. 예를 들면, 유튜브, 아프리카 TV, 트위치 TV 등에 영상을 공유하는 유튜버, 크리에이터, BJ, 스트리머 등이 있습니다.

　＊ 플랫폼은 "정거장"이란 의미로 인터넷을 기반으로 이용자를 연결하고 각종 경제활동을 통해 수익을 창출하는 사업모델로서, 1인 미디어 관련 플랫폼 사업자는 1인 미디어 창작자가 생산한 영상 콘텐츠를 실시간으로 전송하거나 저장하여 재생하며, 콘텐츠 생산자들과 광고수익 등을 분배합니다.

2) 거래 유형

1인 미디어 창작자의 소득은 플랫폼 운영사로부터 배분 받는 광고 수익, 시청자가 플랫폼을 통해 지불하는 후원금 등이 있습니다. 또한, 특정 기업 및 제품의 홍보 영상을 제작하거나 자신의 영상에서 이를 홍보해 줌으로써 받는 수입, 행사 및 강연 등으로 얻는 수입 등이 있습니다. 1인 미디어 창작자는 다중채널네트워크(Multi Channel Network, MCN) 사업자*와 계약을 맺고 광고수익을 나누는 경우도 있습니다.

* (MCN 사업자) 1인 미디어 창작자의 콘텐츠 유통·판매, 저작권 관리, 광고 유치, 자금 지원 등에 도움을 주고 콘텐츠로부터 나온 수익을 창작자와 나누어 갖는 미디어 사업자

나. 사업자 등록 안내

1) 사업자 등록 의무

(가) 1회성이 아니라 계속적이고 반복적으로 영상 콘텐츠를 생산하고 이에 따른 수익이 발생하는 경우, 인적 또는 물적시설 여부에 따라 과세사업자 또는 면세사업자로 사업자 등록을 하여야 합니다.

(나) 사업자 등록 시, 본인 신분증, 사업자 등록 신청서 1부, 임대차 계약서 사본 1부(사업장을 임차한 경우)가 필요합니다.

2) 과세사업자/면세사업자 구분

(가) 1인 미디어 창작자가 인적고용 관계 또는 별도의 사업장 등 물적

시설을 갖추고 다양한 콘텐츠의 영상을 영상 플랫폼에 공급하면서 수익이 발생하는 경우, 과세사업자에 해당합니다.

⇒ 업종코드 921505, 미디어 콘텐츠 창작업

예: 시나리오 작성자나 영상 편집자를 고용한 경우 등

예: 전문적인 촬영 장비를 보유한 경우, 별도의 방송용 스튜디오를 갖춘 경우 등

(나) 1인 미디어 창작자가 독립된 자격으로 근로자를 고용하지 아니하고 물적시설 없이 다양한 콘텐츠의 영상을 영상 플랫폼에 공급하면서 수익이 발생하는 경우, 면세사업자에 해당합니다.

⇒ 업종코드 940306, 1인 미디어 콘텐츠 창작자

단, 과세사업자는 부가가치세를 신고하여야 하고, 면세사업자는 부가가치세를 신고할 의무는 없으나 사업장현황신고를 하여야 합니다. 과세/면세사업자 모두 종합소득세 신고를 하여야 합니다.

업종코드 및 적용 범위

업종코드 및 적용 범위: 코드, 세분류, 세세분류, 적용 범위 정보			
코드	세분류	세세분류	적용 범위
940306	기타 자영업	1인 미디어 콘텐츠 창작자 (면세)	인적시설과 물적시설 없이 인터넷 기반으로 다양한 주제의 영상 콘텐츠 등을 창작하고 이를 영상 플랫폼에 업로드하여 시청자에게 유통하는 자로서 수익이 발생하는 산업 활동 인적용역자의 콘텐츠 창작 등에 따른 수입 포함 예: 유튜버, BJ, 크리에이터 등
921505	영화비디오물 및 방송프로그램 제작업	미디어콘텐츠 창작업 (과세)	인적 또는 물적시설을 갖추고 인터넷 기반으로 다양한 주제의 영상 콘텐츠 등을 창작하고 이를 영상 플랫폼에 업로드하여 시청자에게 유통하는 자로서 수익이 발생하는 산업 활동

표 출처: 국세청 - 신종 업종 세무 안내
(https://www.nts.go.kr/nts/cm/cntnts/cntntsView.do?mi=2480&cntntsId=7802)

3) 일반과세자/간이과세자 구분

부가가치세 계산 산식, 세금계산서 발급의무 등의 차이를 고려해서 어느 과세유형이 적합한지를 판단하여 사업자 등록을 하여야 하며, 부가가치세 신고실적 등에 따라 다음 연도에 과세유형을 새롭게 판정하게 됩니다. 단, 간이과세자는 직전 연도의 공급대가의 합계액이 8천만 원(부동산

임대업 또는 과세유흥장소를 경영하는 사업자는 48백만 원)에 미달하는
개인사업자를 말합니다.

일반과세자와 간이과세자의 비교

일반과세자와 간이과세자의 비교: 구분, 일반 과세자, 간이 과세자 정보		
구분	일반과세자	간이과세자
적용기준(직전 과세기간 매출액)	연 매출 8천만 원 이상 간이과세 배제 업종	연 매출 8천만 원 미만 간이과세 적용 업종
매출세액	공급가액 × 10%	공급대가 × 업종별 부가가치율 × 10%
세금계산서 발급	발급 가능	직전 연도 공급대가 합계액이 4,800만 원 이상은 발급 가능
매입세액 공제	전액 공제	공급대가 × 0.5%
환급 여부	환급 가능	환급 불가

표 출처: 국세청 - 신종 업종 세무 안내
(https://www.nts.go.kr/nts/cm/cntnts/cntntsView.do?mi=2480&cntntsId=7802)

다. 부가가치세 안내

1) 신고·납부 의무

(가) 일반과세자는 6개월을 과세기간으로 매년 1월과 7월에, 간이과세
자는 1년을 과세기간으로 매년 1월에 사업장 소재지 관할 세무서
나 홈택스를 통해 신고·납부하여야 합니다.

(나) 아래의 간이과세자는 예정신고(7.1-7.25)를 해야 합니다.

직전 연도 공급대가가 4,800-8,000만 원 미만인 간이과세자가 부가가치세 예정부과기간(1.1-6.30)에 세금계산서를 발급한 경우

부가가치세 신고·납부 안내

신고·납부: 사업자, 과세기간, 확정신고 대상, 확정신고·납부기한 정보			
사업자	과세기간	확정신고 대상	확정신고·납부기한
일반과세자	제1기 1.1-6.30	1.1-6.30까지 사업 실적	7.1-7.25
	제2기 7.1-12.31	7.1-12.31까지 사업 실적	다음 해 1.1-1.25
간이과세자	1.1-12.31	1.1-12.31까지 사업 실적	다음 해 1.1-1.25

표 출처: 국세청 - 신종 업종 세무 안내
(https://www.nts.go.kr/nts/cm/cntnts/cntntsView.do?mi=2480&cntntsId=7802)

2) 세액계산 방법

재화 등을 판매할 때 상대방으로부터 수취한 매출세액에서 재화 등을 구입할 때 상대방에게 지급한 매입세액을 차감하여 부가가치세 납부(환급)세액을 계산하고 있습니다.

(가) 일반과세자는 부가가치세 매출세액에서 매입세액을 차감하여 납부(환급)세액을 계산합니다.

납부세액 = 매출세액 (매출액 × 세율(10%, 0%)) - 매입세액

(나) 간이과세자는 업종별 부가가치율을 적용한 매출세액에서 매입세금계산서 등의 공급대가에 0.5%를 곱한 금액을 차감하여 납부세액을 계산합니다. 단, 매입세액이 매출세액을 초과하여도 환급세액은 발생하지 않습니다.

납부세액 = 매출액 × 부가가치율 × 세율(10%, 0%) - 공제세액

* 공급대가 × 0.5%

간이과세자에 적용되는 업종별 부가가치율

간이과세자에 적용되는 업종별 부가가치율: 업종, 부가가치율 정보	
업종	부가가치율
SNS마켓(소매업)	15%
공유 숙박(숙박업)	25%
미디어콘텐츠 창작업(통신업)	30%

표 출처: 국세청 - 신종 업종 세무 안내

(https://www.nts.go.kr/nts/cm/cntnts/cntntsView.do?mi=2480&cntntsId=7802)

3) 간이과세자 납부면제

(가) 일반적인 경우: 해당 과세기간(1.1-12.31)에 대한 공급대가의 합계액이 4,800만 원 미만인 경우 부가가치세 납부세액은 납부의무가 면제됩니다.

(나) 신규사업자 등: 과세기간 개시일부터 과세기간 종료일까지의 공급대가의 합계액을 12개월로 환산한 금액을 기준으로 하되, 1개월

미만의 끝수가 있으면 1개월로 합니다.

(다) 휴·폐업자 및 유형전환자 등: 과세기간 개시일부터 휴·폐업일 및 과세유형 전환일까지의 공급대가의 합계액을 12개월로 환산한 금액을 기준으로 하되, 1개월 미만의 끝수가 있으면 1개월로 합니다.

라. 종합소득세 안내

1) 신고·납부 의무

종합소득세는 직전 1년간의 사업 활동을 통해 개인에게 귀속된 이자·배당·사업·근로·연금·기타 소득 등 모든 과세대상 소득을 합산하여 다음 해 5월 1일부터 5월 31일(성실신고확인대상사업자는 6월 30일)까지 주소지 관할 세무서나 홈택스를 통해 신고·납부하여야 합니다.

2) 장부의 기장의무와 추계신고 시 경비율 적용

사업자는 사업 관련 모든 거래 사실을 복식부기 또는 간편장부에 의하여 기록·비치하고 관련 증빙서류 등과 함께 5년간(다만, 이월결손금 공제를 받을 경우에는 15년간) 보관하여야 합니다.

(가) 복식부기의무자: 재무상태표인 재무제표(자산, 부채, 자본)와 손익계산서(수익, 비용)를 이용한 복식장부를 작성해야 하는 의무가 있는 사업자

(나) 간편장부대상자: 신규 창업자나 직전 연도 수입금액이 아래의 일정금액 미만인 경우로 수입·지출을 일자별 기록하면 장부로 인정

받을 수 있는 사업자

장부의 기장의무와 추계신고 시 경비율 적용 기준

장부의 기장의무와 추계신고 시 경비율 적용 - 업종명, 기장 의무에 따른 구분(복식부기의무자, 간편장부의무자), 추계신고 시 경비율 적용(기준경비율 적용, 단순경비율 적용) 포함					
업종명		기장의무에 따른 구분		추계신고 시 경비율 적용	
		복식부기의무자	간편장부의무자	기준경비율 적용	단순경비율 적용
유튜버	미디어 콘텐츠 창작업 (과세사업자)	1억 5천만 원 이상	1억 5천만 원 미만	3천6백만 원 이상	3천6백만 원 미만
	1인 미디어 콘텐츠 창작자 (면세사업자)	7천5백만 원 이상	7천5백만 원 미만	2천4백만 원 이상	2천4백만 원 미만
SNS마켓(소매업)		3억 원 이상	3억 원 미만	6천만 원 이상	6천만 원 미만
공유 숙박(숙박업)		1억 5천만 원 이상	1억 5천만 원 미만	3천6백만 원 이상	3천6백만 원 미만

표 출처: 국세청 - 신종 업종 세무 안내
(https://www.nts.go.kr/nts/cm/cntnts/cntntsView.do?mi=2480&cntntsId=7802)

3) 세액계산 방법

(가) 소득금액의 계산

장부를 기록·비치한 사업자는 총수입금액에서 필요경비를 공제하여 계산합니다.

소득금액 = 총수입금액 - 필요경비

장부를 기록·비치하지 않은 사업자는 정부가 정해 준 경비율에 따라 다음과 같이 계산합니다.

기준경비율 적용 소득금액 = 수입금액 - 주요경비 - (수입금액 × 기준경비율)

단순경비율 적용 소득금액 = 수입금액 - (수입금액 × 단순경비율)

(나) 종합소득세 산출세액의 계산

종합소득세 산출세액은 다음과 같이 계산합니다.

종합소득세 산출세액 = (과세표준 × 세율) - 누진공제

4) 외국납부세액 공제 제도

(가) 외국납부세액 공제 제도

국제적 이중과세 방지를 위해 국내 세법에서는 국외원천소득에 대하여 외국에 이미 납부하였거나 납부할 세액을 종합소득세·법인세 산출세액에서 외국납부세액*으로 일정액을 공제하고 있습니다.

* 소득세법 제57조(외국납부세액공제), 법인세법 제57조(외국납부세액공제 등)

(나) 외국납부세액 공제방법

미국 Google사는 2021년 6월부터 국내 유튜버가 미국 내 시청자로부터 얻은 수입에 대하여 사용료 소득으로 보아 미국에서 원천징수하고 있습니다. 이에 유튜브 활동으로 미국에서 원천징수된 세액이 있는 경우 외국납부세액 공제를 위해서는 종합소득세 신고 시 관련 명세[*]를 작성·제출하여야 합니다.

> *① 외국납부세액공제 신청서(소득세법 시행규칙 제11호
> 서식), ② 국가별 외국납부세액공제 명세서(부표1), ③ 소득
> 종류별 외국납부세액 명세서(부표2)

5) 개인계좌 후원금 신고 안내

1인 미디어 창작자가 방송화면에 "후원금", "자율구독료" 등의 명목으로 후원계좌번호를 노출하고 계좌이체를 통해 금전 등을 받는 경우 해당하는 명칭에 상관없이 소득세법에 따라 종합소득세 신고납부 대상입니다.

단, 해당 유튜버의 영상 활동이 일시적인 경우라면 소득세법 제21조 제1항 제19호(인적용역을 일시적으로 제공하고 받는 대가)에 따른 기타소득에 해당 사업과 관련하여 콘텐츠 제공에 따른 유상대가 또는 사업과 관련하여 무상으로 받은 자산으로 보아 총수입금액에 포함합니다.

6) 면세사업자의 사업장 현황 신고

(가) 면세 업종과 사업장 현황 신고

(1) 대상: 인적시설과 물적시설이 없는 1인 미디어 콘텐츠 창작자는 면세사업자로 부가가치세가 면제되는 개인사업자입니다.

(2) 신고: 면세사업자는 다음 연도 2월 10일까지 사업장 소재지 관할 세

무서장에게 지난 1년간 수입금액과 사업장 현황을 신고하여야 합니다.

(나) 제출서류

다음의 사항이 포함된 신고서와 업종별 수입금액 검토표 및 (세금)계산서 합계표를 제출하여야 합니다.

① 사업자 인적사항 ② 업종별 수입금액 명세 ③ 수입금액의 결제 수단별 내역 ④ 계산서·세금계산서·신용카드매출전표 및 현금영수증 수취내역

제2절. SNS마켓 사업자

가. SNS마켓 개요

1) 현황

SNS마켓이란 블로그·카페 등 각종 사회관계망서비스(SNS: Social Network Service) 채널을 이용하여 물품 판매, 구매 알선·중개 등을 통해 수익을 얻는 산업 활동을 말합니다. SNS마켓은 개인 간 친교 및 사교적인 목적의 SNS 계정을 이용해서 판매행위를 한다는 특징이 있습니다. 블로그·카페뿐 아니라 모바일에 익숙한 2030세대를 중심으로 인스타그램, 페이스북, 유튜브 등 개인 SNS 계정을 기반으로 한 상품거래가 점점 늘어나고 있습니다.

2) 거래 유형

SNS마켓은 재화 등을 매입하여 판매하거나 상품 홍보를 하고 판매수량에 따라 수수료를 받는 등 다양한 거래유형이 있습니다.

(가) 블로그·카페 등을 운영하며 홍보성 게시글에 대한 원고료, 배너광고를 게재하여 주고 광고료를 받는 경우

(나) 오프라인 사업장을 가진 사업자가 온라인 판매채널로 블로그 등을 이용하여 물품 판매

(다) 개인이 소규모로 SNS 등을 통하여 자기 물품을 판매하거나 구매대행 등 서비스를 제공

(라) 제조업자·도매업자의 의뢰를 받아 SNS 등을 통하여 상품정보를

제공하고 수수료를 수취

나. 사업자 등록 안내

SNS마켓을 통해 계속적·반복적으로 판매 등을 한다면 사업자 등록 및 세금 신고 등 세법에서 규정하는 의무를 이행하여야 합니다. 통신판매업 신고 여부와 관계없이 사업자 등록은 반드시 하여야 합니다.

1) 사업자 등록 의무

일회성이 아닌 계속적, 반복적으로 블로그·카페 등 SNS상에서 판매 및 중개행위를 하는 경우 사업자 등록을 하여야 합니다.

(가) 통신판매업자 정보 표기

(나) 사업자 등록은 사업을 시작한 날로부터 20일 이내에 국세청 홈택스를 이용하거나 세무서 민원봉사실에 방문하여 신청하면 됩니다.

(다) 블로그·카페 등 SNS를 이용하여 물품 판매는 물론 알선·중개 등을 통해 수익을 얻는 활동의 경우 업종코드는 525104로 등록합니다.

(라) SNS마켓을 이용한 통신판매업을 기존의 전자상거래 소매업 및 소매중개업과 구분하기 위해 업종코드 신설하였습니다.

SNS마켓을 이용한 통신판매업 업종코드

통신판매업 업종코드: 코드, 세분류, 세세분류, 적용 범위 정보			
코드	세분류	세세분류	적용 범위
525104 (신설)	통신 판매업	SNS마켓	블로그·카페 등 각종 사회관계망서비스 (소셜네트워크서비스, SNS) 채널을 이용하여 물품 판매, 구매 알선·중개 등을 통해 수익을 얻는 산업 활동을 말합니다.
525101	통신 판매업	전자상거래 소매업	일반 대중을 대상으로 온라인 통신망 (사회관계망서비스(SNS) 채널은 제외합니다)을 통하여 각종 상품을 소매하는 산업 활동을 말합니다. 예: 상품 전자상거래 판매(오픈마켓 판매자 포함)
525102	통신 판매업	기타 통신 판매업	온라인 통신망 이외의 기타 통신수단에 의하여 각종 상품을 소매하는 산업 활동을 말합니다. 예: 인쇄물 광고형 소매, 전화소매, TV홈쇼핑, 카탈로그(상품안내서, catalog)형 소매, 우편소매, 통신판매 소매

통신판매업 업종코드: 코드, 세분류, 세세분류, 적용 범위 정보			
코드	세분류	세세분류	적용 범위
525103	통신 판매업	전자상거 래 소매 중개업	개인 또는 소규모업체가 온라인상에서 재화 나 용역을 판매할 수 있도록 중개업무를 담 당하는 산업 활동을 말합니다. 예: 소셜커머스(할인쿠폰 공동 구매형 전자 상거래중개), 전자상거래 소매중개(오픈마 켓 사업자) 제외: 오픈마켓 판매자(525101)

2) 통신판매업 신고 및 통신판매자 정보 표기

(가) 통신판매업 신고(전자상거래법 제12조)

SNS마켓 판매자도 통신판매업자에 해당하므로, 재화 판매 전에 관할
시·군·구청에 통신판매업 신고*를 해야 합니다.

    * 정부24 (https://www.gov.kr)에서 공인인증서 등을 이

    용하여 신고 가능

(1) 신고사항: 상호, 주소, 전화번호, 대표자 성명, 주민등록번호, 사업
    자 등록번호, 법인등록번호, 전자우편주소, 인터넷도메인 이름, 호
    스트서버 소재지, 판매방식, 취급품목 등

(2) 구비서류: 사업자 등록증 사본, 법인등기부 등본 등

(나) 통신판매업자 정보 표기(전자상거래법 제13조)

SNS마켓에서 재화 판매 시 상호, 대표자 성명, 주소, 전화번호, 통신판매 신고번호 등을 표시해야 합니다.

3) 전자상거래 등에서의 소비자보호에 관한 법률

(가) 제12조 「통신판매업자의 신고 등」

통신판매업자는 대통령령으로 정하는 바에 따라 다음 각 호의 사항을 공정거래위원회 또는 특별자치시장·특별자치도지사·시장·군수·구청장에게 신고하여야 합니다. 다만, 통신판매의 거래횟수, 거래규모 등이 공정거래위원회가 고시로 정하는 기준 이하인 경우에는 그러하지 아니하다(개정 2016. 3. 29).

(1) 상호(법인인 경우에는 대표자의 성명 및 주민등록번호를 포함합니다), 주소, 전화번호

(2) 전자우편주소, 인터넷도메인 이름, 호스트서버의 소재지

(3) 그 밖에 사업자의 신원 확인을 위하여 필요한 사항으로서 대통령령으로 정하는 사항

(나) 제13조 「신원 및 거래조건에 대한 정보의 제공」

통신판매업자가 재화 등의 거래에 관한 청약을 받을 목적으로 표시·광고를 할 때에는 그 표시·광고에 다음 각 호의 사항을 포함하여야 합니다.

(1) 상호 및 대표자 성명

(2) 주소·전화번호·전자우편주소

(3) 제12조에 따라 공정거래위원회 또는 특별자치시장·특별자치도지사·시장·군수·구청장에게 한 신고의 신고번호와 그 신고를 받은 기

관의 이름 등 신고를 확인할 수 있는 사항

다. 현금영수증 발급의무 및 안내

1) 발급의무와 미발급(발급거부) 시 불이익

(가) 의무발행업종(의무발행가맹점)의 건당 10만 원 이상 거래금액

(1) 발급의무: 현금영수증 의무발행업종 사업자가 건당 거래금액(부가세 포함)이 10만 원 이상인 재화(용역)을 공급하고, 대가를 현금으로 받은 경우 소비자의 요청이 없더라도 현금영수증을 발급하여야 합니다.

단, SNS마켓 사업자는 판매하는 재화 등이 현금영수증 의무발행업종 재화 등인 경우로 한정하여 2021.1.1 이후부터 적용

(2) 미발급가산세: 의무발행업종 사업자가 10만 원 이상 현금결제 시 현금영수증을 미발급한 경우 미발급 금액의 20%를 가산세로 부과합니다.

(나) 일반가맹점 또는 의무발행가맹점의 건당 10만 원 미만 거래금액

(1) 발급의무: 소비자상대업종 영위 사업자(소득세법시행령 별표3의2) 중 법인사업자와 직전 연도 수입금액 합계액이 24백만 원 이상인 개인사업자는 소비자가 요청하는 경우 현금영수증을 발급하여야 합니다.

(2) 발급거부 가산세: 1차 발급거부 시 발급거부 또는 허위기재 금액의 5%를 가산세로 부과 및 명령서 교부, 명령서 수령 후 2차 발급거부

시에는 발급거부 등 금액의 20%를 과태료로 부과합니다.

2) 현금영수증 발급에 따른 혜택

개인사업자는 부가가치세 신고 시 현금영수증 발행금액의 1.3%를 세액공제 받을 수 있습니다. 다만, 직전 연도 공급가액 합계액이 10억 원을 초과하는 개인사업자는 세액공제 제외합니다.

제3절. 공유 숙박 사업자

가. 공유 숙박 개요

일반인이 여유공간(숙박공간)을 여행객들에게 유상으로 제공하는 것으로, 온라인 중개 플랫폼*에 등록하여 숙박공간을 사용하고자 하는 임차인에게 공간을 공유·사용하게 함으로써 대가를 수령하는 산업 활동을 의미합니다.

> * 플랫폼은 "정거장" 이란 의미로 인터넷을 기반으로 이용
> 자를 연결하고 각종 경제활동을 통해 수익을 창출하는 사
> 업모델로서, 대표적인 공유 숙박 플랫폼으로 에어비앤비
> (Airbnb)가 있음

나. 사업자 등록 안내

1) 사업자 등록 의무

영리를 목적으로 자기 계산과 책임하에 계속적·반복적으로 여유공간을 빌려주고 이에 따른 수익이 발생하는 경우, 사업자 등록을 하여야 합니다.

2) 사업자 등록 신청방법

(가) 사업자는 사업장마다 사업 개시일부터 20일 이내에 사업장 관할 세무서 또는 국세청 홈택스를 통해 사업자 등록을 신청하여야 합니다. 다만, 신규로 사업을 시작하려는 자는 사업 개시일 이전이라

도 사업자 등록을 신청*할 수 있습니다.

*사업자 등록 시 제출 서류는 사업자 등록 신청서, 임대차 계약서, 본인 신분증 등

업종코드 및 적용 범위

업종코드 및 적용 범위: 코드, 세분류, 세세분류, 적용 범위 정보			
코드	세분류	세세분류	적용 범위
551007	일반 및 생활 숙박시설 운영업	숙박공유업	일반인이 여유공간(숙박공간)을 여행객들에게 유상으로 제공하는 것으로 온라인 중개 플랫폼에 등록하여 숙박공간을 사용하고자 하는 임차인(GUEST)에게 공간을 공유·사용하게 함으로써 대가를 수령하는 산업 활동
551005	일반 및 생활 숙박시설 운영업	민박업	단독주택, 다가구주택, 다세대주택, 아파트 등 일반 주거용 주택을 이용하여 숙박 서비스를 제공하는 산업 활동을 말합니다. 숙박과 함께 취사시설을 제공하거나 식사를 제공하는 경우도 포함

표 출처: 국세청 - 신종 업종 세무 안내
(https://www.nts.go.kr/nts/cm/cntnts/cntntsView.do?mi=2480&cntntsId=7802)

(나) 공유 숙박 업종의 추가 구비서류

(1) 도시지역: 관광진흥법에 따라 지방자치단체(관할 시·군·구청)에서

발급한 관광사업등록증(외국인관광 도시민박업)

(2) 농어촌지역: 농어촌정비법에 따라 지방자치단체(관할 시·군·구청) 에서 발급한 농어촌민박업 신고필증

다. 현금영수증 발급의무 및 안내

1) 발급의무와 미발급(발급거부) 시 불이익

(가) 의무발행업종(의무발행가맹점)의 건당 10만 원 이상 거래금액

(1) 발급의무: 현금영수증 의무발행업종* 사업자가 건당 거래금액(부가 세 포함)이 10만 원 이상인 재화(용역)을 공급하고, 대가를 현금으 로 받은 경우 소비자의 요청이 없더라도 현금영수증을 발급하여야 합니다.

　* 공유 숙박 사업자는 2023. 1. 1. 이후 적용

(2) 미발급가산세: 의무발행업종 사업자가 10만 원 이상 현금결제 시 현금영수증을 미발급한 경우 미발급 금액의 20%를 가산세로 부과 합니다.

(나) 일반가맹점 또는 의무발행가맹점의 건당 10만 원 미만 거래금액

(1) 발급의무: 소비자상대업종 영위 사업자(소득세법시행령 별표3의2) 중 법인사업자와 직전 연도 수입금액 합계액이 24백만 원 이상인 개인사업자는 소비자가 요청하는 경우 현금영수증을 발급하여야 합니다.

(2) 발급거부 가산세: 1차 발급거부 시 발급거부 또는 허위기재 금액의 5%를 가산세로 부과 및 명령서 교부, 명령서 수령 후 2차 발급거부

시에는 발급거부 등 금액의 20%를 과태료로 부과합니다.

2) 현금영수증 발급에 따른 혜택

개인사업자는 부가가치세 신고 시 현금영수증 발행금액의 1.3%를 세액공제 받을 수 있습니다. 다만, 직전 연도 공급가액 합계액이 10억 원을 초과하는 개인사업자는 제외

제4절. 해외 직구 대행 사업자

가. 해외 직구 대행업 개요

해외 직구 대행업이란 온라인 몰을 통해 해외에서 구매 가능한 재화 등에 대하여 정보를 제공하고 온라인 몰 이용자의 청약을 받아, 해당 재화 등을 이용자의 명의로 대리하여 구매한 후 이용자에게 전달해 줌으로써 수수료를 받아 수익을 얻는 산업 활동을 말합니다.

일반적인 도소매업 형식처럼 상품을 매입하여 판매하는 것이 아닌, 해외상품에 대해 단순 구매를 대행해 주는 업종입니다.

1) 해외 직구 대행업 요건

(가) 해외 물품이 국내 통관될 때 국내 구매자 명의로 통관되어 구매자에게 직배송될 것

(나) 국내에 창고 등의 보관장소가 없고, 별도로 재고를 보유하지 않을 것

(다) 판매 사이트에 해외 직구 대행임을 명시할 것

(라) 주문 건별로 대행 수수료를 산출하고, 해당 산출근거 및 증빙을 보관할 것

2) 거래 유형

(가) 해외 직구 대행업자는 사이트 전체 판매액이 아닌 수수료 부분만을 매출로 신고하여야 합니다. 예를 들어, 사이트 판매액이 100원이고, 상품구입비 및 배송비 등 80원이 발생했다면 구매대행업의

경우 구매대행 수수료 20원을 매출로 신고하게 됩니다.

(나) 국세청에서는 일반 전자상거래업 영위 사업자와 동일하게 온라인 전체 판매액 100원을 매출로 파악하게 되므로, 신고 시마다 신고 매출액에 대한 적정성 확인이 발생할 수 있으며, 매출액 산정 관련 증빙서류를 보관하여야 하는 주의사항이 있습니다.

나. 사업자 등록 안내

1) 사업자 등록의무

영리를 목적으로 계속·반복적으로 국내 소비자를 대리하여 해외에서 물품을 구입하고 배송을 대행하는 경우 사업자 등록 및 세금 신고·납부 등 세법에서 규정하는 의무를 이행하여야 합니다. 통신판매업 신고 여부와 관계없이 사업자 등록은 반드시 하여야 합니다.

2) 사업자 등록 신청방법

사업자 등록은 사업을 시작한 날로부터 20일 이내에 국세청 홈택스를 이용하거나 세무서 민원봉사실에 방문하여 신청하면 됩니다.

(가) 업종코드: 일반적인 온라인 쇼핑몰과 달리 해외 직구 대행업 업종 코드 525105로 등록합니다.

(나) 구비서류: 사업자 등록 신청 시 사업자 등록 신청서, 임대차 계약 서(사업장을 임차한 경우), 본인 신분증이 필요합니다.

통신판매업 업종코드: 코드, 세분류, 세세분류, 적용 범위 정보			
코드	세분류	세세분류	적용 범위
525105	통신판매업	해외 직구 대행업	온라인 몰을 통해 해외에서 구매 가능한 재화 등에 대하여 정보를 제공하고 온라인 몰 이용자의 청약을 받아, 해당 재화 등을 이용자의 명의로 대리하여 구매한 후 이용자에게 전달해 줌으로써 수수료를 받아 수익을 얻는 산업 활동을 말합니다.
525104	통신판매업	SNS마켓	블로그·카페 등 각종 사회관계망서비스(소셜네트워크서비스, SNS) 채널을 이용하여 물품 판매, 구매 알선·중개 등을 통해 수익을 얻는 산업 활동을 말합니다.
525101	통신판매업	전자상거래 소매업	일반 대중을 대상으로 온라인 통신망(사회관계망서비스(SNS) 채널은 제외합니다)을 통하여 각종 상품을 소매하는 산업 활동을 말합니다. 예: 상품 전자상거래 판매(오픈마켓 판매자 포함)
525102	통신판매업	기타 통신 판매업	온라인 통신망 이외의 기타 통신수단에 의하여 각종 상품을 소매하는 산업 활동을 말합니다. 예: 인쇄물 광고형 소매, 전화소매, TV홈쇼핑, 카탈로그(상품안내서, catalog)형 소매, 우편소매, 통신판매 소매

통신판매업 업종코드: 코드, 세분류, 세세분류, 적용 범위 정보			
코드	세분류	세세분류	적용 범위
525103	통신 판매업	전자상거래 소매중개업	개인 또는 소규모업체가 온라인상에서 재화나 용역을 판매할 수 있도록 중개업무를 담당하는 산업 활동을 말합니다. 예: 소셜커머스(할인쿠폰 공동 구매형 전자상거래중개), 전자상거래 소매중개(오픈마켓 사업자) 제외: 오픈마켓 판매자(525101)

3) 일반과세자/간이과세자 구분

(가) 일반과세자와 간이과세자는 부가가치세 계산 방법 및 세금계산서 발행 가능 여부 등의 차이가 있으므로 어느 유형이 자기의 사업에 적합한지 확인 후 사업자 등록을 해야 합니다.

(나) 일반과세자 또는 간이과세자로 사업자 등록을 하였어도 그 유형이 계속 적용되는 것이 아니며, 매출실적·간이과세 배제요건 해당 여부 등에 따라 과세유형이 전환되기도 합니다.

다. 통신판매업 신고 및 통신판매업자 정보 표기

1) 통신판매업 신고(전자상거래법 제 12조) 의무

해외 직구 대행업자도 통신판매업자에 해당하므로, 재화 판매 전에 관할 시·군·구청에 통신판매업 신고*를 해야 합니다.

> * 정부24(https://www.gov.kr)에서 공인인증서 등을 이
> 용하여 신고 가능

(가) 신고사항: 상호, 주소, 전화번호, 대표자 성명, 주민등록번호, 사업
자 등록번호, 법인등록번호, 전자우편주소, 인터넷도메인 이름, 호
스트서버 소재지, 판매방식, 취급품목 등

(나) 구비서류: 사업자 등록증 사본, 법인등기부 등본 등

2) 통신판매업자 정보 표기(전자상거래법 제 13조)

해외 직구 대행업자가 재화 등의 거래에 관한 청약을 받을 목적으로 표
시·광고 할 때에는 상호, 대표자 성명, 주소, 전화번호, 통신판매 신고번호
등을 표시해야 합니다.

3) 전자상거래 등에서의 소비자보호에 관한 법률

(가) 제12조 「통신판매업자의 신고 등」

통신판매업자는 대통령령으로 정하는 바에 따라 다음 각 호의 사항을
공정거래위원회 또는 특별자치시장·특별자치도지사·시장·군수·구청
장에게 신고하여야 합니다. 다만, 통신판매의 거래횟수, 거래규모 등
이 공정거래위원회가 고시로 정하는 기준 이하인 경우에는 그러하지
아니하다.

(1) 상호(법인인 경우에는 대표자의 성명 및 주민등록번호를 포함합니
다), 주소, 전화번호

(2) 전자우편주소, 인터넷도메인 이름, 호스트서버의 소재지

(3) 그 밖에 사업자의 신원 확인을 위하여 필요한 사항으로서 대통령령으로 정하는 사항

(나) 제13조「신원 및 거래조건에 대한 정보의 제공」

통신판매업자가 재화 등의 거래에 관한 청약을 받을 목적으로 표시·광고를 할 때에는 그 표시·광고에 다음 각 호의 사항을 포함하여야 합니다.

(1) 상호 및 대표자 성명

(2) 주소, 전화번호, 전자우편주소

(3) 제12조에 따라 공정거래위원회 또는 특별자치시장·특별자치도지사·시장·군수·구청장에게 한 신고의 신고번호와 그 신고를 받은 기관의 이름 등 신고를 확인할 수 있는 사항

라. 현금영수증 발급의무 및 안내

1) 현금영수증 발급의무

해외 직구 대행업은 현금영수증 의무발행 업종입니다. 2023.1.1부터 거래 건당 10만 원 이상 현금거래 시 소비자가 발급을 요청하지 않더라도 현금영수증을 발급해야 합니다(다만, 판매하는 재화 등이 현금영수증 의무발행업종의 재화 등인 경우에 한함).

2) 의무발행업종(의무발행가맹점)의 건당 10만 원 이상 거래

(가) 발급의무: 현금영수증 의무발행업종 사업자가 건당 거래금액(부

가세 포함) 10만 원 이상인 재화(용역)을 공급하고, 대가를 현금 또는 계좌로 지급받는 경우 소비자의 요청이 없더라도 현금영수증을 발급하여야 합니다.

* 소비자가 현금영수증 발급을 요청하지 아니하는 경우, 국세청 지정 번호(010-000-1234)로 무기명 발급

(나) 미발급가산세: 의무발행업종 사업자가 10만 원 이상(부가세 포함) 현금결제 시 현금영수증을 미발급한 경우 미발급 금액의 20%를 가산세로 부과합니다.

3) 일반가맹점 또는 의무발행가맹점의 건당 10만 원 미만 거래

(가) 발급의무: 소비자 상대업종 영위 사업자 중 법인사업자와 직전 연도 수입금액 합계액이 24백만 원 이상인 개인사업자는 소비자가 요청하는 경우 현금영수증을 발급하여야 합니다.

(나) 발급거부 가산세: 1차 발급거부 시 발급거부 또는 허위기재금액의 5%를 가산세로 부과 및 명령서 교부, 명령서 수령 후 2차 발급거부 시에는 가산세 5%와 과태료 20%를 추가 부과합니다.

4) 현금영수증 발급에 따른 혜택

개인사업자는 부가가치세 신고 시 현금영수증발행금액의 1% (2023. 12. 31 까지는 1.3%)를 세액공제* 받을 수 있습니다.

* 연간 한도 5백만 원(2023. 12. 31까지는 연간 1천만 원 한도)

현금영수증 일반가맹점과 의무발행가맹점 비교

현금영수증 일반가맹점과 의무발행가맹점 비교 표: 일반가맹점, 의무발행가맹점 정보		
구분	일반가맹점	의무발행가맹점
가입대상	+ 소비자상대업종(소득세법시행령 별표3의2)을 영위하는 자로서 법인사업자 + 직전 과세기간 수입금액 합계액 24백만 원 이상인 개인사업자	의무발행업종(소득세법시행령 별표3의3)을 영위하는 사업자 * 수입금액 기준 없음
발급의무	상대방의 발급 요청이 있는 경우 발급거부 금지	+ (10만 원 이상) 상대방 요청이 없어도 발급의무 + (10만 원 미만) 일반가맹점과 동일
발급의무 위반 시 제재	(발급거부 가산세) 거부금액의 5% (과태료) 발급거부 또는 허위발급금액의 20%(2회 이상 위반 시)	+ (10만 원 미만) 일반가맹점과 동일 + (10만 원 이상) 발급의무 위반 시 미발급 금액의 20% 가산세 부과 * 거래일로부터 5일 이내 무기명 발급한 경우 가산세 대상 제외 * 착오나 누락 등으로 발급하지 않았으나 거래대금을 받은 날로부터 10일 이내 발급 시 가산세 50% 감면

현금영수증 일반가맹점과 의무발행가맹점 비교 표: 일반가맹점, 의무발행가맹점 정보		
구분	일반가맹점	의무발행가맹점
기타 제재	(미가맹 가산세) 미가맹기간 소비자상대업종 수입금액의 1% 추계신고 시 단순경비율 배제 창업중소기업세액감면, 중소기업특별세액감면 등 배제	미가맹 시: 일반가맹점과 동일

표 출처: 국세청 - 신종 업종 세무 안내

(https://www.nts.go.kr/nts/cm/cntnts/cntntsView.do?mi=2480&cntntsId=7802)

참고문헌

고용노동부. 2023. 청년일자리창출지원사업 누리집. www.work.go.kr/youthjob

국세청. 2023. 국세정책/제도 - 신종업종 세무 안내. https://www.nts.go.kr/nts/cm/cntnts/cntntsView.do?mi=2479&cntntsId=7801

대한민국 정책브리핑. 2023. 정책뉴스 - 청년일자리도약장려금 신청 대상. 방법 총정리. https://www.korea.kr/news/policyNewsView.do?newsId=148912647

소상공인시장진흥공단. 2023. 소상공인 정책자금 - 공식 전담 사이트. https://ols.sbiz.or.kr/

중소벤처기업진흥공단. 2023. 지원사업 - 정책자금 개요. https://www.kosmes.or.kr/nsh/SH/SBI/SHSBI001M0.do

유관 사이트

국세청 https://www.nts.go.kr/

소상공인시장진흥공단 https://www.semas.or.kr/

중소벤처기업진흥공단 https://www.kosmes.or.kr/

에필로그(Epilogue)

이 책은 작성 과정에서 인공 지능 모델인 ChatGPT의 도움을 받아 완성되었습니다. 이 책은 다양한 정보와 아이디어를 모으고 분석하는 과정에서 ChatGPT가 제공한 도움을 통해 더 풍부한 내용과 표현력을 가질 수 있었습니다. 저자는 이 모델을 활용하여 아이디어를 발전시키고 내용을 보완하는 데 큰 도움을 받았습니다. 이러한 협업은 저자와 AI 기술의 결합을 통해 새로운 글쓰기 경험을 탐구하는 과정에서 탄생하였습니다.

이 책의 저자로서, 나는 그동안의 글쓰기 과정에서 존재하지 않았던 독특한 협력 경험을 하였습니다. ChatGPT는 저의 창의적인 고민과 필요에 따라 텍스트를 생성하는 데 도움을 주었습니다. 또한, ChatGPT는 제가 연구한 주제에 대한 추가 정보를 제공하고, 아이디어를 고르게 발전시키는 데에도 도움을 주었습니다. 그 결과, 이 책은 새로운 관점과 통찰력을 담은 풍부한 내용을 담고 있습니다.

하지만, 이 책의 작성은 ChatGPT의 지원만으로 이루어진 것이 아님을 강조하고 싶습니다. ChatGPT는 정보를 제공하는 데 도움을 주었지만, 이 책의 창작 아이디어, 구조, 스토리텔링, 그리고 전반적인 집필 과정은 저자 본인의 지식과 경험, 창작 의지와 글쓰기 역량을 반영한 것입니다. 저자는 ChatGPT가 출력한 텍스트를 검토하고 수정하여 적절한 문맥과 전문성을 유지하면서 최종적인 내용을 완성하였습니다. 따라서, 책의 내용은 저자 본인의 지식과 경험을 기반으로 작성되었으며, ChatGPT는 보조적인 역할을 수행한 것으로, 저자의 창작적 노력이 이 책의 완성에 주된 역할을 하였음을 밝힙니다. 저자는 ChatGPT를 도구로 활용하면서도 언제나 인간 작가의 역량을 최대한 발휘하려고 노력했습니다. 따라서 ChatGPT는 기술적인 도움을 주었지만, 이 책의 모든 창작 과정은 인간 작가의 창의성과 노력에 기반하고 있음을 다시 한번 강조하고 싶습니다.

이러한 AI와 인간 작가의 협업은 미래의 글쓰기와 예술 창작에 대한 새로운 가능성을 열어 놓고 있으며, 이 에필로그를 통해 그 여정을 기록하고자 합니다. 마지막으로, 이 책을 읽는 독자들에게 감사의 말씀을 전합니다. 여러분의 지속적인 지원과 이해에 힘입어 이러한 실험적인 작업을 이어 나갈 수 있었으며, 앞으로도 더 나은 글쓰기와 아이디어 공유를 위한 노력을 계속하겠습니다. 새로운 가능성을 탐험하는 이 행복한 여정에 함께해 주서서 감사합니다.

고지 사항(Disclosure Statement)

이 책 내용 및 제공하는 정보는 저자의 개인적인 지식과 경험, 의견 및 연구 결과를 기반으로 작성되었습니다. 따라서 이 책은 특정 분야의 전문가 의견을 나타내는 것이 아니며, 법학, 의학, 금융학, 재정학 또는 기타 전문 분야의 조언으로 간주되어서는 안 됩니다. 이 책은 일반 정보 제공 및 교육 목적을 위해 제작되었으며, 개별 상황에 따라 적용되어야 할 수 있는 전문가의 의견이나 권장 사항, 그리고 전문적인 조언을 대체하지 않습니다. 따라서 이 책에 수록된 내용은 부정확하거나 오해의 소지가 있을 수 있습니다. 독자 여러분은 이 책에서 제시된 정보를 이용하실 때 이 점을 유념하여 주시기 바랍니다.

이 책은 단순히 참고용으로 제공되는 것이며, 어떠한 특정한 상황에 대한 조언이나 권고 사항으로 간주되어서는 안 됩니다. 독자 개개인의 상황이나 요구 사항은 다양하며, 이에 따라 적절한 전문가의 상담을 받는 것이 중요합니다. 또한, 지식과 정보의 변화는 끊임없이 진행되고 있으며, 이로 인해 책의 내용이 시간이 지남에 따라 부정확해질 수 있습니다. 따라서 독자 여러분은 이 책의 정보를 실무에 사용하기 전에 전문가의 조언을 구하거나 최신 정보를 확인하는 것이 중요합니다.

이 책의 저작권은 저자에게 있으며, 본 내용의 무단 복제, 배포, 수정 또는 상업적 이용은 엄격히 금지되어 있습니다.

마지막으로, 이 책의 저자와 출판사는 어떠한 경우에도 독자가 이 책을 읽거나 정보를 활용함으로써 발생하는 어떠한 결과에 대해서도 책임을 지지 않습니다. 이 책 속에 존재하는 모든 내용과 의견을 고려하고, 비판적인 사고를 가지고, 이 책에서 제공하는 정보를 활용하는 것은 전적으로 독자 본인의 책임입니다. 이 점을 유념하시고 독자 여러분은 본인의 판단과 결정을 내릴 때 충분한 주의와 신중함을 기울여 주시기 바랍니다.

이상의 고지 사항은 독자들에게 이 책의 내용과 정보의 한계를 명확히 전달하기 위해 작성되었습니다. 이러한 고지 사항을 염두에 두고 이 책을 읽어 주셔서 감사합니다.